HOJIAK-DE SMAAK VAN MALEISIË

100 recepten, van straatvoedselwonderen tot culinaire meesterwerken

CATO DIJKSTRA

Auteursrechtmateriaal ©2023

Alle rechten voorbehouden

Geen enkel deel van dit boek mag in welke vorm of op welke manier dan ook worden gebruikt of overgedragen zonder de juiste schriftelijke toestemming van de uitgever en eigenaar van het auteursrecht, met uitzondering van korte citaten die in een recensie worden gebruikt. Dit boek mag niet worden beschouwd als vervanging voor medisch, juridisch of ander professioneel advies.

INHOUDSOPGAVE

INHOUDSOPGAVE 3
INLEIDING 6
STRAATVOEDSEL EN SNACKS 7
   1. Kipsatéspiesjes 8
   2. Maleise Nettopannenkoek 10
   3. Maleisisch platbrood 12
   4. Rundvlees Murtabak (omelet gewikkeld in Roti) 14
   5. Krokant gebakken loempia's 17
   6. Zachte loempia's 19
   7. Garnalenbeignets 21
   8. Krokante tahoebroodjes met kip 23
   9. Gegrilde kleefrijst 25
   10. Rundergehakt- en aardappelkoekjes 28
   11. Maleisische Indiase linzenpasteitjes 30
   12. Aromatische heldere kippensoep 32
   13. Krokante krabben met zachte schaal 34
   14. Gegrilde vispaté in bananenblad 36
   15. Gegrilde Tofu 39
   16. Rundvleessatéspiesjes 41
   17. Curry Puffs van Kak Besah 43
   18. Tofu gevuld met knapperige groenten 46
ZEEVRUCHTEN 48
   19. Aromatische zeevruchtencurry 49
   20. Zeebaarsfilets in zoetzure saus 52
   21. Gestoomde wilde zeebaars met citroengras en gember 54
   22. Roerbakgarnalen en spinazie 56
   23. Garnalencurry met gegrilde ananas 58
   24. Pittig gebakken schelvis 60
   25. Pittig Zure Zeeduivelstoofpot 62
   26. Inktvis Chili Sambal 64
   27. Zwarte Peper Krab Roerbak 66
   28. Roerbakbotergarnalen 68
   29. Traditionele viscurry 70
   30. Pittige Inktvis Roerbak 73
   31. Roerbakgarnalen en tuinbonen 75
   32. Roerei met oesters 77
   33. Krokant gebakken zeebrasem met kurkuma 79
VLEES 81
   34. Kip in sojasaus en honing 82
   35. Maleisische kipcurry 84
   36. Pittig en zuur rundvleesstoofpotje 86
   37. Chinese Kip & Kruidenstoofpot 88
   38. Roerbak kippenlever en fijne groene bonen 90
   39. Gegrilde biefstuk 92

40. Rijke lamscurry 94
41. Nyonya Kapitan Kipcurry 97
42. Perak Rundvlees Rendang 100
43. Aromatische kipcurry 103
44. Rundvlees in sojasaus 106
45. Roerbakkip & Shiitake-champignons 109
46. Kip in Chili- en Tomatensaus 111
47. Maleisische Portugese Duivelscurry 113
48. Gegrild rundvlees in kurkuma en kokosmelk 116
49. Lamsvlees in Komijn-Koriandersaus 118
50. Kip Rendang 120
51. Sojakip Roerbak 122
52. Kip met Citroengras en Kokossaus 124
53. Gebakken gekruide kip 126
54. Roerbakrundvlees en gember 128

GROENTEN 130

55. Mangosalade 131
56. Maleisische kruidenrijst- en zalmsalade 133
57. Sperziebonensalade 135
58. Waterkerssalade 137
59. Nyonya Vermicelli-noedelsalade 139
60. Maleisische kruidenrijst- en zalmsalade 142
61. Maleisische groente-Dhal-curry 144
62. Pompoen in kurkuma en kokosmelk 146
63. Bloemkool & Broccoli Roerbak 148
64. Gestoomde Pak Choy 150
65. Geroerbakte okra 152
66. Spinazie Roerbak 154
67. Eieren in Chili Sambal 156

RIJST EN NOEDELS 158

68. Witte rijst 159
69. Tomatenrijst 161
70. Penang Wokgebakken platte noedels met garnalen 163
71. Garnalencurry Laksa 165
72. Penang-noedelsoep met visbouillon 168
73. Rijstvermicelli Gebakken Noedels 170
74. Kokosrijst 172
75. Gestoomde kleefrijst met kurkuma 174
76. Aromatische Rundvleesrijst 176
77. Kruidenrijst 179
78. Groente-ei-gebakken rijst 181
79. Ansjovis Gebakken Rijst 183
80. Gebakken rijst in omeletpakketje 185
81. Mamak Gebakken Noedels 187
82. Noedels in sojasaus met zeevruchten 189
83. Ipoh Curry-noedelsaus 191

84. Noedels met rundvlees en garnalen 194
85. Kipgebakken noedels 196
86. Maleisische gebakken noedels 198
PUDDINGS EN DRANKEN **200**
   87. Verse mango, honing en kokosnoot 201
   88. Pandanvla en plakrijst gelaagd zoet 203
   89. Gestoomde rijst- en kokoscake 205
   90. Zoete rijst-kokospannenkoek 207
   91. Tropische fruitsalade 209
   92. Maleisische thee 211
   93. Zoete Mungbonenpap 213
   94. Rijstpudding met pure kokossuikersiroop 215
   95. Pandan-ijs 217
   96. Zoete aardappel en banaan in kokosmelk 219
   97. Bananenbeignetsballen 221
   98. Maleisische 'getrokken' zoete thee 223
   99. Citroengras en honingthee 225
  100. Rozensiroopdrank 227
CONCLUSIE **229**

INVOERING

Welkom in de betoverende wereld van "Hojiak-de smaak van maleisië", een culinair avontuur dat je uitnodigt om jezelf onder te dompelen in het gevarieerde en smaakvolle tapijtwerk van de Maleisische keuken. Maleisië, gelegen op het kruispunt van Zuidoost-Azië, is een land dat bekend staat om zijn rijke culturele diversiteit, en nergens wordt deze diversiteit meer gevierd dan in het eten. Dit kookboek fungeert als een portaal en nodigt je uit om 100 zorgvuldig samengestelde recepten te ontdekken die de essentie van Maleisië samenvatten – van de levendige straatvoedselwonderen die lonken vanaf de drukke markten tot de verfijnde culinaire meesterwerken die de tafels van de diverse gemeenschappen sieren.

Stel je voor dat je door de levendige straten van Kuala Lumpur slentert, waar het gesis van wokgerechten en de verleidelijke aroma's van kruiden een symfonie van smaken creëren. In "Hojiak-de smaak van maleisië" beginnen we aan een gastronomische reis die de geest van de Maleisische keuken weerspiegelt, waar generaties de kunst van het vermengen van diverse invloeden tot een harmonieuze culinaire melodie hebben geperfectioneerd. Elk recept is een knipoog naar het culturele erfgoed dat de Maleisische eetcultuur vormgeeft en biedt een kijkje in de traditie, verhalen en technieken die door de eeuwen heen zijn doorgegeven.

Dit kookboek gaat niet alleen over koken; het is een verkenning van de zintuigen, een reis door de levendige markten, drukke kraampjes en verfijnde eetgelegenheden die samen de Maleisische gastronomie bepalen. Of u nu een doorgewinterde thuiskok bent of een beginneling die graag uw culinaire horizon wil verbreden, "Hojiak-de smaak van maleisië" is uw metgezel bij het ontrafelen van de mysteries en het beheersen van de technieken van de Maleisische keuken.

Geniet samen met mij van de ingewikkelde smaken, vier de culturele diversiteit en omarm de warmte die de Maleisische gastvrijheid definieert. Laat deze recepten uw gids zijn bij het creëren van niet alleen maaltijden, maar ook ervaringen: een voorproefje van Maleisië dat de grenzen overstijgt en de geest van de keukens van het land bij u thuis brengt. Dus terwijl we aan deze culinaire odyssee beginnen, terima kasih (bedankt) dat je deel uitmaakt van de levendige wereld van "Hojiak-de smaak van maleisië" Moge uw keuken gevuld zijn met de rijke aroma's en verleidelijke smaken die de Maleisische keuken tot een waar genot maken. Selamat makan (veel eetplezier)!

STRAATVOEDSEL EN SNACKS

1. Kipsaté Spiesjes

INGREDIËNTEN:
- 4 stengels citroengras (gebruik alleen de onderste helft)
- 1 kg kippendijen zonder botten, in reepjes van 10 cm lang gesneden
- 3 eetlepels gemalen kurkuma
- ½ eetlepel gemalen komijn
- 2 theelepels fijn zeezout
- 3 eetlepels witte suiker
- 30 satéstokjes van bamboe, 17,5 cm lang (geweekt in water)
- Voor de borstelolie
- 100 ml plantaardige olie
- 1 eetlepel witte suiker
- 50 ml kokosmelk
- 1 stengel citroengras, gekneusd

VOOR DE GARNERING:
- 1 rode ui, in dikke plakjes gesneden
- 1 komkommer, in kleine partjes gesneden

INSTRUCTIES:
a) Pureer het citroengras met een scheutje water tot een gladde massa, met behulp van een keukenmachine of staafmixer. Doe het mengsel in een kom en voeg de kip, kurkuma, komijn, zout en 3 eetlepels suiker toe. Meng grondig en laat minimaal 2 uur en bij voorkeur een nacht in de koelkast marineren.

b) Rijg de stukken kip voorzichtig aan de bamboespiesjes. Het vlees moet de spies bedekken om te voorkomen dat het tijdens het grillen verbrandt. Bedek ook de punt van de spies. Om de borstelolie te maken, doe je de olie, suiker en kokosmelk in een kleine kom en meng je goed.

c) Saté is het lekkerst op de barbecue of houtskoolgrill; Als alternatief kunt u een grillpan gebruiken. Leg de kipspiesjes op de barbecue of grill en bestrijk ze met het gekneusde citroengras met het oliemengsel en houd het vocht binnen. Draai de spiesjes om ervoor te zorgen dat de kip gelijkmatig gaar is.

d) Als de kip gaar is, bruin en licht verkoold, garneer met de ui en komkommer en serveer met pindasaus.

2.Maleisische netto-pannenkoek

INGREDIËNTEN:
- 400 g gewone bloem
- 1 ei
- 200 ml kokosmelk
- ½ eetlepel gemalen kurkuma
- 1 theelepel fijn zeezout
- 4 eetlepels plantaardige olie
- 1 pandanblad , in een knoop gebonden (of 1 stengel gekneusd citroengras)

INSTRUCTIES:
a) Doe de bloem, het ei, de kokosmelk, de kurkuma en het zout in een kom. Voeg 725 ml water toe, meng goed en mix tot het mengsel een glad beslag wordt dat de achterkant van een pollepel bedekt.

b) Zet een platte pan op middelhoog vuur en bestrijk de pan met een beetje olie, gebruik het pandanblad , dat een geurig aroma aan het beslag geeft.

c) Zet een roti jala- schenker (zie hierboven) op een kom of een diep bord om nadruppelen te voorkomen. Schep een deel van het beslag op met de pollepel, doe het in de schenktuit en breng het in de pan. Maak met behulp van de schenker cirkels van het beslag, beginnend vanuit het midden van de pan. Ga verder naar buiten, waarbij de cirkels elkaar overlappen, terwijl je de stroom beslag constant houdt, totdat je een pannenkoek hebt met een diameter van ongeveer 20 cm. Het ziet eruit als een net – je kunt hier je eigen creativiteit gebruiken. Voor het beste resultaat moet de schenker ongeveer 6 cm boven de pan worden gehouden.

d) Kook een halve minuut, totdat de pannenkoek gemakkelijk langs de rand kan worden opgetild met een paletmes of een plakje pan. Leg het op een werkoppervlak, vouw de zijkanten naar binnen en rol het van onder naar boven. Herhaal dit tot al het beslag op is.

e) Serveer met eenvoudige Maleisische kipcurry.

3. Maleisisch platbrood

INGREDIËNTEN:
- 600 g bloem, plus een beetje extra voor het kneden
- 1½ theelepel fijn zeezout
- 100 ml kokoswater
- 1 ei
- 2 eetlepels plantaardige olie, plus 750 ml plantaardige olie voor de marinade
- 4 eetlepels gecondenseerde melk

INSTRUCTIES:
a) Doe de bloem en het zout in een grote kom en meng goed.
b) Doe het kokoswater, het ei, 2 eetlepels olie en de gecondenseerde melk in een middelgrote kom of maatbeker, voeg vervolgens 170 ml water toe en roer goed. Voeg dit mengsel toe aan de kom met bloem en kneed gedurende 10 minuten tot het glad en elastisch is.
c) Bedek de kom met huishoudfolie en laat 30 minuten rijzen. Voeg een beetje bloem toe aan het deeg, kneed opnieuw en laat nog eens 30 minuten rijzen. Kneed opnieuw en verdeel het deeg in 10 deegballen ter grootte van een kleine vuist. Gebruik bij het verdelen van het deeg uw duim en wijsvinger om het deeg uit te knijpen en te snijden.
d) Doe de deegballen in een diep bord en giet er 750 ml olie overheen totdat alle ballen bedekt zijn. Laat minimaal 4 uur of een hele nacht marineren.
e) Leg een van de deegballen op een geolied werkoppervlak en gebruik je handpalm om hem uit te rekken en plat te maken, en draai hem dan nog een paar keer om, zodat hij dunner en groter wordt. Vouw de zijkanten, boven- en onderkant, om een vierkante vorm te krijgen met lucht tussen de lagen.
f) Verhit een beetje olie in een platte pan en bak het deeg tot beide oppervlakken goudbruin zijn en een knapperige textuur hebben. Leg het gebakken platbrood nu op een schoon oppervlak en blaas het vanaf de rand naar binnen op, zodat het kreukt. Herhaal met de rest van het deeg en serveer met curry, om te dippen.

4. Rundvlees Murtabak (omelet verpakt in Roti)

INGREDIËNTEN:
VOOR DE VERPAKKING
- 1 × Maleisisch platbrooddeeg, verdeeld in 10 stukken, of 20 kant-en-klare (30 × 30 cm) loempiaverpakkingen

VOOR DE VULLING
- 2 eetlepels plantaardige olie
- 2½ grote uien, in blokjes gesneden
- 2 teentjes knoflook, fijngehakt
- 2,5 cm verse gember, fijngehakt
- 3 eetlepels gemalen kruidenmix voor vlees, gemengd met een scheutje water
- ½ theelepel fijn zeezout
- 1 eetlepel tamarindepasta (of citroen- of limoensap)
- 300 gram rundergehakt
- 200 g aardappelen, 10 minuten gekookt met schil, daarna geschild en gepureerd
- 6 eieren
- Plantaardige olie voor ondiep frituren

INSTRUCTIES:

a) Verhit een grote koekenpan op middelhoog vuur. Voeg de olie toe en bak de uien 2 minuten, voeg dan de knoflook en gember toe en bak nog 1 minuut.

b) Voeg de kruidenmix, het zout en de tamarindepasta toe en kook tot de saus is ingedikt. Voeg het rundvlees toe en bak 3 minuten, tot het gaar is. Voeg de aardappelpuree toe, roer goed en kook 2 minuten, zet dan het vuur uit.

c) Breek de eieren in een grote kom en klop zachtjes. Voeg het gekookte mengsel toe en meng grondig.

d) Strek een van de stukken deeg uit op een vlakke ondergrond, plaats het op een rond bord en voeg 3 eetlepels vulling toe. Zorg ervoor dat het uitgerekte deeg geen gaten bevat, anders lekt de vulling eruit. Wikkel het van links naar rechts in, zodat er een vierkant pakketje ontstaat. Herhaal met de rest van het deeg en de vulling.

e) Verhit een koekenpan met een beetje olie op een laag vuur. Zodra de olie heet is, draait u de verpakte pakketjes voorzichtig van het bord en in de braadpan, een paar tegelijk. Zorg ervoor dat het deeg niet scheurt, anders komt de vulling eruit. Bak 2-3 minuten aan elke kant, tot ze goudbruin zijn. Druk zachtjes met een spatel om te controleren of de murtabak nog zacht is, dan is hij niet gaar. Herhaal met de rest van de murtabak, waarbij je telkens een beetje meer olie gebruikt.

f) Serveer met uiensaus en currysaus.

5.Krokant gebakken loempia's

INGREDIËNTEN:
- 1 eetlepel plantaardige olie, plus 500 ml plantaardige olie voor ondiep frituren
- 3 teentjes knoflook, fijngehakt
- 100 g taugé
- 300 g jicama (of alternatieven, zie hierboven), julienned
- 1 middelgrote wortel, in julienne gesneden
- 2 eetlepels oester- of champignonsaus
- Een snufje fijn zeezout
- 20–25 kant-en-klare loempiaverpakkingen (30 × 30 cm)
- zoete chili- sambal
- 4 eetlepels kant-en-klare gebakken sjalotten, voor garnering (optioneel)

INSTRUCTIES:
a) Verhit 1 eetlepel olie in een wok of grote koekenpan op hoog vuur en bak de knoflook goudbruin. Voeg de taugé, jicama, wortel-, oester- of champignonsaus en zout toe en bak 2 minuten, tot de groenten iets slinken. Zet het vuur uit, doe het in een vergiet en laat het 5 minuten uitlekken. Dit voorkomt dat de wikkels het vocht opnemen en drassig worden.

b) Leg een van de wikkels op een plat oppervlak met de hoeken naar boven en naar beneden gericht in een ruitvorm en schep er een eetlepel vulling op, beginnend bij de onderste hoek. Rol de wikkel over de vulling, knijp zachtjes tot een strakke rol en rol dan tot halverwege verder. Vouw de linker- en rechterkant naar binnen, rol naar boven en bestrijk ze met een beetje water om ze af te dichten. Herhaal met de resterende wikkels en vulling.

c) Verhit de olie om te frituren in een pan op middelhoog vuur. Om te controleren of de olie heet genoeg is, doopt u het uiteinde van een houten lepel in de olie. De olie zal rond de lepel borrelen als deze klaar is om te frituren en zou op een keukenthermometer tussen de 180°C en 200°C moeten meten. Bak de loempia's in 4-5 minuten goudbruin en knapperig, schep ze vervolgens met een schuimspaan uit de pan en laat ze op keukenpapier uitlekken. Als je pan klein is, bak ze dan in batches.

d) Schik de loempia's naast elkaar op een serveerschaal, bestrijk ze met de sambal en bestrooi ze eventueel met de gebakken sjalotjes. Serveer meteen.

6.Zachte loempia's

INGREDIËNTEN:
- 20–25 loempiavelletjes
- zoete chili- sambal

VOOR DE VULLING
- 2 eetlepels plantaardige olie
- 1 middelgrote ui, in dunne plakjes gesneden
- 4 teentjes knoflook, fijngehakt
- 30 g gedroogde garnalen, 5 minuten geweekt in warm water (optioneel)
- 250 g jicama, geschild en geraspt
- 200 g taugé
- 100 g wortelen, geschild en geraspt met een rasp
- 3 eetlepels oestersaus
- 1 theelepel fijn zeezout
- ½ theelepel gemalen witte peper

VOOR DE GARNERING:
- 4 eetlepels gemalen geroosterde pinda's
- 6 stuks kant-en-klare gebakken sponsachtige tofu, fijngehakt
- omelet van 1 ei, in reepjes gesneden
- 4 eetlepels kant-en-klare gebakken sjalotjes

INSTRUCTIES:

a) Verhit voor de vulling de olie in een wok of grote koekenpan op middelhoog vuur en bak de ui en knoflook tot ze geurig en goudbruin zijn. Voeg de gedroogde garnalen toe (indien gebruikt) en kook gedurende 1 minuut. Voeg vervolgens de jicama, taugé, wortels, oester- of champignonsaus en zout toe. Kook gedurende 2 minuten, tot de groenten verwelken, en zet dan het vuur uit. Voeg de witte peper toe, roer even, schep het mengsel in een vergiet en laat het 3 à 4 minuten staan, zodat het sap eruit kan lopen.

b) Leg een van de loempiavelletjes op een vlakke ondergrond en schep er 1 eetlepel vulling op, beginnend in de onderste hoek. Rol de wikkel over de vulling, knijp zachtjes tot een strakke rol en rol dan tot halverwege verder. Vouw de linker- en rechterkant naar binnen, rol deze naar boven en bestrijk ze met een beetje water om ze af te dichten. Herhaal met de resterende wikkels en vulling.

c) Schik de loempia's naast elkaar op een schaal of groot bord en bestrijk de sambal erover. Garneer met gemalen pinda's, knapperige tofu, omeletreepjes en gebakken sjalotjes en serveer direct.

7. Garnalenbeignets

INGREDIËNTEN:
- 125 g gewone bloem
- 25 g zelfrijzend bakmeel
- 1½ theelepel gemalen kurkuma
- 1½ theelepel fijn zeezout
- 750 ml plantaardige olie, om te frituren
- 200 g taugé
- 100 g Chinese knoflookbieslook (of lente-uitjes), 2,5 cm lang gesneden
- 12 rauwe gamba's, gepeld

INSTRUCTIES:

a) Doe de gewone en zelfrijzende bloem, de kurkuma en het zout in een kom en voeg beetje bij beetje 500 ml water toe. Roer goed totdat het mengsel een glad en dik beslag wordt.

b) Verhit een wok of een diepe pan op middelhoog vuur. Voeg de olie toe en test met een stukje taugé om te controleren of de olie heet genoeg is. Als het bruist, is het klaar. Als u een thermometer heeft, moet de temperatuur tussen 180°C en 200°C liggen.

c) Voeg de taugé, bieslook en garnalen toe aan het beslag en roer er met een lepel doorheen tot een balletje ontstaat, één garnaal per balletje. Laat elke beslagbal voorzichtig in de olie vallen. Maak de ballen niet te groot, want dan duurt het koken langer en kunnen ze aan de buitenkant verbranden, maar van binnen niet helemaal gaar zijn. Indien nodig in batches bakken.

d) Bak elke bal 2-3 minuten, tot ze knapperig en goudbruin is, schep ze vervolgens uit met een schuimspaan en serveer met pinda- of chilisaus.

8.Krokante Beancurd Rolletjes Met Kip

INGREDIËNTEN:
- 10 vierkantjes tahoeschil (20 x 20 cm)
- 1 eetlepel maïzena, gemengd met een scheutje water tot een pasta
- 250 ml plantaardige olie voor ondiep frituren
- Voor de vulling
- 1 eetlepel plantaardige olie
- 4 teentjes knoflook, fijngehakt
- 300 g kip, gehakt
- 2 theelepels gemalen vijfkruiden, gemengd met een scheutje water
- ½ theelepel gemalen witte peper
- 200 g jicama (of alternatieven, zie hierboven), versnipperd
- 1 wortel, versnipperd
- 1 eetlepel lichte sojasaus
- ½ theelepel sesamolie
- ½ theelepel fijn zeezout
- 1 ei, losgeklopt
- 1 lente-ui, in plakjes van 0,5 cm gesneden

INSTRUCTIES:

a) Om de vulling te maken, verwarm je een grote koekenpan op middelhoog vuur, voeg de eetlepel olie toe en bak de knoflook een paar seconden, tot hij geurig is. Voeg de kip, de vijfkruiden en de witte peper toe en kook tot de stukken kip dicht zijn. Voeg de jicama, wortel, lichte sojasaus, sesamolie en zout toe en kook tot de groenten goed gemengd en licht geslonken zijn. Voeg het ei toe en roer voorzichtig tot de vulling dikker wordt. Voeg als laatste de lente-ui toe. Roer goed door en zet het vuur uit.

b) Leg een stuk tahoevel op een werkblad en plaats 2 eetlepels vulling in het midden. Begin met het inpakken vanaf de onderkant en rol voorzichtig naar het midden, vouw dan de zijkanten naar binnen en rol verder naar de bovenkant. Bestrijk de rol met de maïzenapasta om de rol dicht te maken. Herhaal met de resterende tahoehuid en vulling.

c) Verhit de olie om te frituren in een middelgrote koekenpan op laag vuur. Waarschijnlijk moet je de broodjes in twee of drie porties bakken. Zodra de olie klaar is, laat u de broodjes voorzichtig in de olie zakken en bakt u ze 2 à 3 minuten, tot ze knapperig bruin zijn. Haal het eruit met een schuimspaan en dep het met keukenpapier om overtollige olie te verwijderen.

d) Serveer meteen, met donkere chilisaus of chili-azijndip.

9. Gegrilde kleverige rijst

INGREDIËNTEN:
- 8 stukjes bananenblad (of aluminiumfolie), 18×18cm
- 300 g kleefrijst, 4 uur of een nacht in water geweekt
- 100 ml kokosmelk
- 1½ theelepel fijn zeezout
- 3 eetlepels plantaardige olie
- 1 theelepel gemalen komijn
- 1 theelepel gemalen kurkuma
- 1 theelepel fijn zeezout
- 1 theelepel witte suiker
- 20 g gedroogde garnalen, 10 minuten geweekt in warm water (of verse garnalen)
- 75 g gedroogde kokosnoot
- 1 lente-ui, in plakjes van 1 cm gesneden

VOOR DE PASTA:
- 1 sjalot
- 1 cm verse laos (of gember)
- 1 stengel citroengras
- 4 gedroogde pepers , 10 minuten geweekt in kokend water

INSTRUCTIES:

a) Maak de bananenbladeren schoon, indien gebruikt, en maak ze zacht door ze een paar seconden op een laag vuur of boven stoom uit een waterkoker te plaatsen.

b) Zet een stoompan op of plaats een rooster in een wok of diepe pan met deksel. Giet er 5 cm water bij en breng op middelhoog vuur aan de kook. Plaats een diepe, ronde cakevorm van 23 cm in het midden van de stoompan, voeg de kleefrijst toe en stoom gedurende 30 minuten.

c) Haal het blik uit de stoompan en voeg de kokosmelk en het zout toe. Meng goed en stoom vervolgens nog eens 15 minuten. Haal het blik uit de stoompan en zet het opzij zodat de rijst kan afkoelen.

d) Pureer de pasta-ingrediënten tot een gladde massa, met behulp van een keukenmachine of een staafmixer. Verhit een wok of een grote koekenpan op middelhoog vuur, voeg de olie toe en bak de pasta gedurende 2 minuten, tot het geurig is. Voeg de komijn, kurkuma, zout, suiker en gedroogde garnalen toe en kook gedurende 1 minuut.

e) Voeg de gedroogde kokosnoot en 200 ml water toe, zet het vuur laag en laat 3 minuten sudderen, of tot het mengsel droog is. Voeg als laatste de lente-ui toe, roer goed en zet het vuur uit. Doe de vulling in een kom en laat volledig afkoelen.

f) Verdeel de kleefrijst in 8 porties. Leg een bananenblad (of aluminiumfolie) plat, schep er 2 theelepels garnalenvulling op en wikkel het voorzichtig om met kleefrijst en bananenblad. De techniek is als het maken van sushi. Wikkel het mooi strak in, zonder dat het blad scheurt. Gebruik een tandenstoker om de boven- en onderkant van het blad af te dichten en herhaal dit met de rest van de bladeren en de vulling.

g) Grill of droog in een koekenpan gedurende 5 minuten aan elke kant.

10. Gehakt Rundvlees En Aardappelkoekjes

INGREDIËNTEN:
- 1 kg kruimige aardappelen
- 250 gram rundergehakt
- ½ eetlepel gemalen komijn
- 1½ theelepel fijn zeezout
- 2 lente-uitjes, in plakjes van 0,5 cm gesneden
- 4 eetlepels fijngehakte verse koriander
- 1 theelepel gemalen witte peper
- 4 eetlepels kant-en-klare gebakken sjalotjes
- 4 middelgrote eieren
- 400 ml plantaardige olie om te frituren

INSTRUCTIES:

a) Breng 3 liter water aan de kook in een grote, diepe pan en kook de aardappelen gedurende 10-15 minuten, tot ze zacht zijn. Schep ze eruit met een schuimspaan en spoel ze af met koud water, zodat ze iets afkoelen. Schil de aardappelen, snijd ze in stukken, doe ze in een kom en pureer ze tot een gladde massa.

b) Verhit een grote koekenpan op middelhoog vuur. Voeg het rundergehakt, de komijn en ½ theelepel zeezout toe en laat 5 minuten koken. Voeg vervolgens toe aan de kom aardappelpuree. Voeg de lente-uitjes, koriander, witte peper, gebakken sjalotjes en het resterende zout toe en meng goed. Vorm balletjes van het mengsel met een diameter van 5 cm en druk ze voorzichtig plat op de palm van je hand, zodat er aardappelkoekjes van 2 cm dik ontstaan.

c) Klop de eieren samen in een ondiepe kom. Verhit een diepe, middelgrote koekenpan op middelhoog vuur en voeg de olie toe. Om te controleren of de olie heet genoeg is, doe je er een stukje lente-ui in. Als het begint te borrelen, is het klaar. Doop de aardappelkoekjes in het losgeklopte ei en bak ze 2 minuten aan elke kant, tot ze knapperig bruin zijn. Bak ze in batches als je ze niet allemaal tegelijk in de pan kunt doen.

11. Maleisische Indische Linzenpasteitjes

INGREDIËNTEN:

- 500 g gespleten linzen (chana dhal), minimaal 4 uur geweekt in water, of een hele nacht
- 2 eetlepels plantaardige olie, plus 500 ml plantaardige olie om te frituren
- 2 grote uien, in blokjes gesneden
- 4 takjes verse curryblaadjes (of 6 laurierblaadjes, grof gehakt)
- 1 eetlepel komijnzaad
- 1 eetlepel gedroogde chilivlokken
- ¾ eetlepel fijn zeezout
- 1½ eetlepel witte suiker

INSTRUCTIES:

a) Giet de linzen af, doe ze in een keukenmachine en maal ze tot een gladde massa. Doe over in een grote kom en zet opzij.

b) Verhit een diepe, middelgrote koekenpan op middelhoog vuur en voeg de 2 eetlepels olie toe. Als het warm is, kook je de uien, kerrieblaadjes en komijn tot ze geurig zijn en de uien goudbruin zijn. Voeg het mengsel toe aan de kom met linzen. Voeg de chilivlokken , het zout en de suiker toe en meng goed.

c) Vorm het mengsel voorzichtig met je vingers tot 20 ronde platte pasteitjes.

d) Veeg de koekenpan schoon met keukenpapier, zet hem op middelhoog vuur en voeg de olie toe om te frituren. Bak de pasteitjes in porties gedurende 2 minuten aan elke kant, tot ze knapperig zijn. Serveer onmiddellijk, met yoghurtdip.

12. Aromatische heldere kippensoep

INGREDIËNTEN:
- 250 g krielaardappelen, gewassen
- 500 g kipstukjes, met bot
- 1 middelgrote rode ui, in vieren gesneden
- 100 g wortel, in dunne plakjes gesneden
- Kaneelstokje van 5 cm
- 2 steranijs
- 4 groene kardemompeulen
- 1 theelepel grofgemalen zwarte peper
- 1 theelepel fijn zeezout

INSTRUCTIES:
a) Doe alle ingrediënten in een grote pan met 1,5 liter water.
b) Breng aan de kook, zet het vuur lager en laat 30 minuten onafgedekt sudderen, totdat het kippenvlees van de botten valt.
c) Serveer meteen.

13. Krokante Softshell-krabben

INGREDIËNTEN:
- 150 g maïzena
- 2 theelepels gemalen witte peper
- 2 theelepels fijn zeezout
- 1½ eetlepel sesamolie
- 8 softshell-krabben
- 3 eiwitten
- 500 ml plantaardige olie, om te frituren

INSTRUCTIES:
a) Doe de maïzena, witte peper en zout in een kom en meng goed. Wrijf in een aparte kom de sesamolie zachtjes over de krabben. Doop de krabben in het eiwit, doe ze in het maïzenamengsel en bestrijk ze royaal.
b) Schud voorzichtig om overtollig meel te verwijderen en leg ze op een bakplaat.
c) Verhit een wok of een diepe middelgrote koekenpan op middelhoog vuur en voeg de olie toe. De olie moet heet genoeg zijn, anders wordt het beslag niet knapperig. Test het door er een beetje beslag over te strooien; als het sist, is de olie heet genoeg om de krabben te bakken.
d) Bak de krabben in twee of drie porties, gedurende 4 minuten per batch of tot het beslag bruin en knapperig is. Hoe minder krabben je tegelijk bakt, hoe minder tijd het kost. Schep ze eruit met een schuimspaan en serveer ze meteen. Serveer als voorgerecht of tussendoortje, met zoete chili sambal.

14. Gegrilde vispaté in bananenblad

INGREDIËNTEN:
- 12 stukjes bananenblad (of aluminiumfolie), 20×20cm
- 500 g kabeljauwfilet, grof gesneden
- 250 ml kokosmelk
- 2 middelgrote eieren, lichtgeklopt
- 4 kaffirlimoenblaadjes, in dunne plakjes gesneden (of reepjes schil van 2 limoenen)
- ½ theelepel gemalen witte peper
- ½ eetlepel bruine suiker
- 1 theelepel fijn zeezout

VOOR DE KRUIDENPASTA
- 2 sjalotten
- 3 teentjes knoflook
- 6-8 gedroogde pepers , 10 minuten geweekt in kokend water
- 5 cm verse laos (of gember)
- 5 cm verse kurkuma (of 2 theelepels gemalen kurkuma)
- 3 stengels citroengras (gebruik alleen de onderste helft)
- 1 theelepel garnalenpasta, droog geroosterd (of 2 eetlepels vissaus)

INSTRUCTIES:
a) Maak de bananenbladeren schoon, indien gebruikt, en maak ze zacht door ze een paar seconden op een laag vuur of boven stoom uit een waterkoker te plaatsen. Het blad wordt donker, zachter en makkelijker in te pakken.
b) Gebruik een keukenmachine of een staafmixer om de pasta-ingrediënten tot een gladde massa te mixen en doe ze in een grote kom. Pureer de vis tot een gladde massa en voeg toe aan de pasta in de kom. Voeg de kokosmelk en eieren toe en meng goed. Voeg de kaffirlimoenblaadjes, witte peper, suiker en zout toe en roer nog een keer goed door.
c) Verdeel het mengsel in 12 porties en plaats één portie op een stuk bananenblad. Wikkel het mengsel voorzichtig in het blad, zodat er een lang pakketje ontstaat. Zet beide uiteinden vast met tandenstokers door ze door het blad te prikken. Herhaal met de resterende bananenbladeren en plak.
d) Verhit een grillpan of koekenpan op laag vuur en bak de pakketjes 5 minuten aan elke kant, tot de bananenbladeren bruin zijn geworden.
e) Druk zachtjes op een van de pakketjes en als het mengsel erin stevig is, is het gaar.
f) Serveer onmiddellijk.

15. Gegrilde Tofu

INGREDIËNTEN:
- 24 stuks kant-en-klare gebakken sponzige tofu
- 8 bamboe spiesjes, 17,5 cm lang
- ½ theelepel gemalen witte peper

INSTRUCTIES:

a) Prik aan elke bamboespies 3 stukjes tofu. Zet je grillpan op een hoog vuur. De pan moet heel heet zijn om een verkoold effect te creëren. Als de tofu klaar is, gril je de tofu 2-3 minuten aan elke kant, indien nodig in batches, tot hij verkoold is.

b) Bestrooi met witte peper en serveer direct, met chili -azijndip of zoete chili- sambal.

16.Satéspiesjes van Rundvlees

INGREDIËNTEN:

- 5 stengels citroengras (gebruik alleen de onderste helft)
- 5 cm verse laos (of gember)
- 5 cm verse kurkuma (of 2 theelepels gemalen kurkuma)
- 1 kg ossenhaas, in reepjes van 10 cm lang gesneden
- 1½ eetlepel korianderzaad, grof gemalen
- ½ eetlepel gemalen komijn
- ½ eetlepel gemalen venkel
- ½ theelepel fijn zeezout
- 3 eetlepels witte suiker
- 30 satéstokjes van bamboe, 17,5 cm lang (bij barbecueën 30 minuten in water geweekt)
- Voor de borstelolie
- 100 ml plantaardige olie
- 1 eetlepel suiker
- 50 ml kokosmelk
- 1 stengel citroengras, gekneusd aan het uiteinde

INSTRUCTIES:

a) Pureer het citroengras, laos en kurkuma samen met een scheutje water tot een gladde massa in een keukenmachine of met een staafmixer. Doe het mengsel in een kom en voeg het rundvlees, de koriander, de komijn, de venkel, het zout en de suiker toe. Meng alles grondig en laat het minimaal 2 uur, of beter nog, een hele nacht in de koelkast marineren. Rijg de stukjes rundvlees voorzichtig aan de bamboespiesjes. Het vlees moet de spiesen inclusief de punt bedekken, om te voorkomen dat ze tijdens het grillen verbranden.

b) Om de borstelolie te maken, doe je de olie, suiker en kokosmelk in een kleine kom en meng je goed.

c) Saté is het lekkerst op de barbecue of houtskoolgrill; Als alternatief kunt u een grillpan gebruiken.

d) Leg de vleesspiesjes op een hete grill en gebruik het gekneusde citroengras om ze allemaal te bestrijken met het mengsel van olie om het vocht binnen te houden. Draai de spiesjes af en toe om ervoor te zorgen dat het vlees gelijkmatig gaar is. Serveer met pindasaus.

17. Curry Puffs van Kak Besah

INGREDIËNTEN:
- 1 eetlepel zwarte peperkorrels
- 2 theelepels venkelzaad
- 1 steranijs
- Kaneelstokje van 5 cm
- 2 eetlepels plantaardige olie, plus 700 ml plantaardige olie om te frituren
- 2 sjalotjes, fijngehakt
- 2,5 cm verse gember, fijngehakt
- 500 g aardappelen, geschild en in blokjes van 1 cm gesneden
- 1½ theelepel fijn zeezout
- 100 g rauwe gepelde garnalen, grof gehakt
- 2 middelgrote uien, in blokjes gesneden
- 2 eetlepels grof gehakte verse korianderblaadjes
- 2 eetlepels lente-uitjes, in plakjes van 1 cm gesneden

VOOR HET GEBAK - EERSTE DEEL (GEEL DEEG)
- 75 g gekoelde boter, in blokjes
- 100 g gewone bloem

TWEEDE DEEL (WIT DEEG)
- 250 g gewone bloem
- 100 ml koud water
- 1 ei, losgeklopt
- 1 theelepel fijn zeezout

INSTRUCTIES:
a) Rooster de zwarte peperkorrels, venkel, steranijs en kaneel droog tot ze geurig zijn. Gebruik een kruidenmolen of een stamper en vijzel om de geroosterde kruiden fijn te malen of fijn te stampen. Voeg 50 ml water toe aan het mengsel.
b) Verhit een wok of een grote koekenpan op middelhoog vuur en voeg de 2 eetlepels olie toe. Fruit de sjalotten en gember tot ze geurig en goudbruin zijn, voeg dan de gemalen kruiden toe en bak 1 minuut. Voeg de aardappelen en het zout toe, roer nog een minuut en voeg dan 300 ml water toe – de aardappelen moeten onder water staan. Laat op middelhoog vuur sudderen tot ze zacht en droog worden.
c) Voeg nu de garnalen, uien, koriander en lente-uitjes toe. Kook tot de uien zacht worden en zet dan het vuur uit. Zet opzij en laat de aardappelvulling afkoelen.
d) Voor het deeg doe je de ingrediënten voor het eerste deel (geel deeg) in een kom en meng tot er een deeg ontstaat. Opzij zetten. Meng in een aparte kom de ingrediënten voor het tweede deel (wit deeg) tot een stevig deeg. Verdeel elke set deeg in 5 ronde ballen. Druk voorzichtig een van de witte deegballen met je vingers plat, plaats dan een gele deegbal erin en wikkel deze in. Herhaal het proces om de resterende deegballen te maken.
e) Strooi een beetje bloem op een werkblad en gebruik een deegroller om een gemengde deegbal plat te maken, rol hem uit tot een ovale vorm van ongeveer 1 cm dik en rol vervolgens vanaf de zijkant tot een lange strook. Maak het weer plat met de deegroller en rol het opnieuw van boven naar beneden. Snijd het met een scherp mes in vier stukken en maak ze weer plat, zodat ovale vormen van ongeveer 0,5 cm dik ontstaan.
f) Leg een lepel aardappelvulling op elk ovaal stuk deeg, vouw het dubbel en knijp de randen goed dicht. Om een gekruld patroon te maken, gebruikt u uw duim en wijsvinger om de randen samen te knijpen en te vouwen. Herhaal met het resterende deeg en de vulling.
g) Verhit de plantaardige olie om te frituren in een grote pan op middelhoog vuur en bak de karipaps, in porties, goudbruin. Serveer warm.

18. Tofu gevuld met knapperige groenten

INGREDIËNTEN:
- 100 ml plantaardige olie
- 20 stuks kant-en-klare gebakken sponzige tofu
- 100 g taugé
- 200 g komkommer, geschild, zaad verwijderd en in dunne plakjes gesneden
- 1 wortel, fijngesneden of versnipperd

INSTRUCTIES:
a) Snij de tofu aan één kant in en snij hem halverwege door, zodat er een zak ontstaat waarin je de groenten kunt stoppen. Verhit de olie in een grote koekenpan op middelhoog vuur en bak de tofu, portie voor portie, gedurende 1 minuut, totdat de buitenste schil knapperig wordt. Schep het uit en dep het met keukenpapier om overtollige olie te verwijderen.

b) Blancheer de taugé gedurende 10 seconden in kokend water, tot ze iets geslonken zijn. Doe het mengsel in een kom, voeg de komkommer en wortel toe en meng alles goed.

c) Vul de tofu met de gemengde groenten, doe hem op een schaal of groot bord en serveer met pindasaus.

ZEEVRUCHTEN

19. Aromatische zeevruchtencurry

INGREDIËNTEN:
- 8 eetlepels plantaardige olie
- 1 steranijs
- Kaneelstokje van 5 cm
- 2 kruidnagels
- 2 takjes verse curryblaadjes, blaadjes geplukt (of 3 laurierblaadjes)
- 8 rauwe gamba's, gepeld
- 250 g mosselen, in hun schelp
- 200-300 g inktvisbuizen, met breukgleuf
- 100 ml kokosmelk
- 1 theelepel fijn zeezout
- 1 eetlepel limoensap

VOOR DE GEMALEN KRUIDEN:
- 1½ eetlepel gemalen koriander
- 1 theelepel gemalen komijn
- 1 theelepel gemalen venkel

VOOR DE PASTA:
- 3 sjalotten
- 5 teentjes knoflook
- 5 cm verse kurkuma (of 2 theelepels gemalen kurkuma)
- 5 cm verse gember
- 10 gedroogde pepers, 10 minuten geweekt in kokend water
- 1½ theelepel garnalenpasta, droog geroosterd (of 2 eetlepels vissaus)

INSTRUCTIES:
a) Meng de pasta-ingrediënten, indien nodig met een beetje water, in een keukenmachine of met een staafmixer en doe ze vervolgens in een kom. Voeg de gemalen kruiden toe en meng grondig.
b) Verhit de olie in een grote pan op middelhoog vuur en kook de steranijs, kaneel, kruidnagel en curryblaadjes tot ze geurig zijn. Voeg het pastamengsel toe en kook gedurende 2 minuten.
c) Voeg nu de garnalen, de mosselen toe (gooi de mosselen weg die open zijn en niet sluiten als je erop tikt) en de inktvis, samen met 300 ml water.
d) Kook 2-3 minuten, tot de garnalen roze kleuren, de mosselen opengaan en de inktvis opkrult. Gooi alle mosselen die niet geopend zijn weg.
e) Voeg de kokosmelk en het zout toe, roer alles goed door en laat nog een minuut koken. Voeg als laatste het limoensap toe, roer nog eens goed door en zet het vuur uit. Doe over in een serveerschaal en serveer meteen.

20. Zeebaarsfilets in zoetzure saus

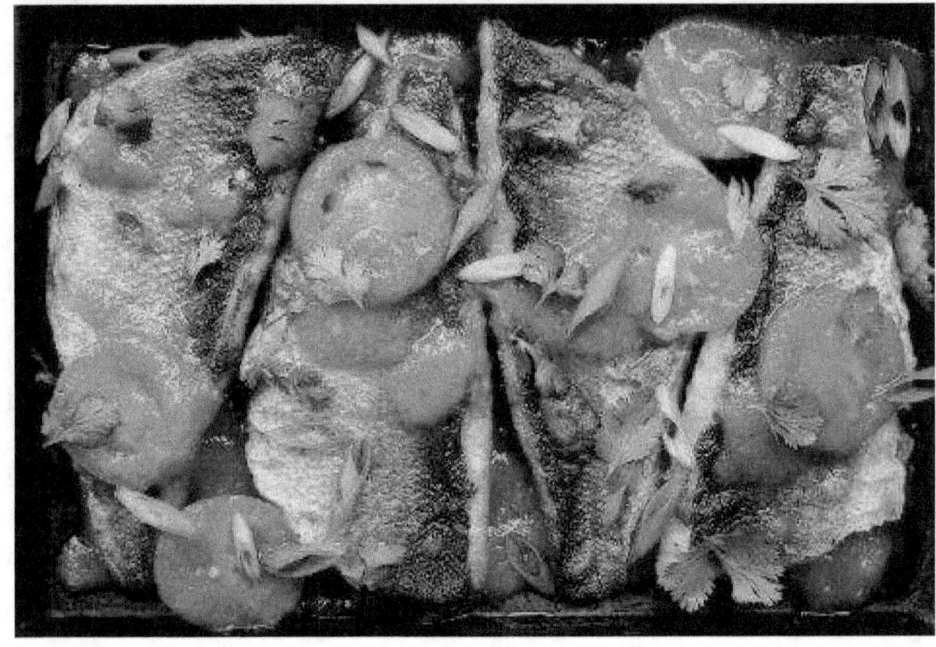

INGREDIËNTEN:
- 1 theelepel gemalen kurkuma
- 4 zeebaarsfilets, elk 150-200 g, schoongemaakt en ingekerfd
- Fijn zeezout
- 100 ml plantaardige olie
- 200 ml tomatenketchup
- 2 eetlepels witte suiker
- 2 middelgrote tomaten, in plakjes van 1 cm gesneden
- 1 lente-ui, in plakjes van 1 cm gesneden
- 2 takjes verse koriander, blaadjes geplukt

VOOR DE PASTA:
- 1 sjalot
- 2,5 cm verse gember
- 5 teentjes knoflook
- 6 verse rode pepers, zonder zaadjes

INSTRUCTIES:

a) Pureer de pasta-ingrediënten samen met een scheutje water tot een gladde massa, met behulp van een keukenmachine of een staafmixer. Wrijf de kurkuma over de visfilets en bestrooi ze met zout.

b) Verhit een grote koekenpan op middelhoog vuur. Voeg de olie toe en bak de vis, twee tegelijk, gedurende 3 minuten aan elke kant, tot hij knapperig is. Schep het op een serveerschaal en zet opzij.

c) Gebruik de olie die in de pan achterblijft om de pasta gedurende 2 minuten te bakken, tot hij geurig is. Voeg de ketchup, suiker en 1 theelepel zout toe, samen met 100 ml water, en kook gedurende 1 minuut. Voeg dan de tomaten toe en kook nog 1 minuut.

d) Giet de saus over de visfilets en garneer met lente-ui en koriander. Serveer direct, met jasmijnrijst.

21. Gestoomde Wilde Zeebaars met Citroengras & Gember

INGREDIËNTEN:
- 4 teentjes knoflook
- 3 vogeloogpepers
- 1 theelepel fijn zeezout
- 1 hele wilde zeebaars, ongeveer 300-400 g, gestript en ontschubd

VOOR DE DRESSING:
- 1 eetlepel oestersaus
- 1 eetlepel vissaus
- 3 eetlepels limoensap
- ½ theelepel bruine suiker
- 5 cm verse gember, in julienne gesneden
- 2 stengels citroengras, in dunne plakjes gesneden
- 6 kaffirlimoenblaadjes (of reepjes schil van 2 limoenen)

VOOR DE GARNERING:
- 6 takjes verse koriander, blaadjes geplukt en grof gehakt
- 1 rode chilipeper , in dunne plakjes gesneden
- 1 lente-ui, julienne gesneden en 15 minuten in water geweekt

INSTRUCTIES:
a) Pureer de knoflook en de pepers met een stamper en vijzel tot een grove pasta. Doe de pasta met de ingrediënten voor de dressing en 200 ml water in een kom en meng goed.

b) Zet een stoompan op of plaats een rooster in een wok of diepe pan met deksel. Giet er 5 cm water bij en breng op hoog vuur aan de kook.

c) Wrijf het zout over de vis, plaats hem in een diepe schaal of cakevorm, plaats hem in de stomer en stoom gedurende 10 minuten. Open het deksel, giet de dressing erbij, doe het deksel er weer op en stoom 10-12 minuten, tot de vis gaar is.

d) 4Garneer met koriander, chilipeper en lente-ui en serveer meteen.

22.Garnalen & Spinazie Roerbak

INGREDIËNTEN:

- 400 g spinazie (of ochtendglorie als je die kunt vinden)
- 1 theelepel garnalenpasta, droog geroosterd (of 2 eetlepels vissaus)
- 5 teentjes knoflook
- 2 eetlepels plantaardige olie
- 1 rode chilipeper, in plakjes van 0,5 cm gesneden
- 300 g rauwe garnalen, gepeld
- 1 eetlepel lichte sojasaus
- 3 eetlepels chilipasta, kant en klaar in een potje of zelfgemaakt

INSTRUCTIES:

a) Snijd de ochtendgloriestelen doormidden en snijd ze in stukken van ongeveer 10 cm lang. Spoel ze af met water.

b) Meng de garnalenpasta met 50 ml water in een kleine kom tot een gladde massa. Pureer de knoflook fijn met behulp van een stamper en vijzel.

c) Verhit de olie in een wok of grote koekenpan op hoog vuur. Voeg de geperste knoflook en de chilipeper toe en bak tot het geurig en goudbruin is. Voeg de garnalen en de sojasaus toe en kook tot de garnalen roze beginnen te kleuren maar nog niet helemaal gaar zijn.

d) Voeg de chilipasta, de ochtendglorie en het garnalenpastamengsel toe, roer goed en dek af met een deksel. Laat 2 minuten koken, verwijder dan het deksel en roer goed. De groenten zouden inmiddels verwelkt moeten zijn. Roer nog een keer door, zet het vuur uit en serveer meteen.

23. Garnalencurry met gegrilde ananas

INGREDIËNTEN:
- 300 g ananas, grof gesneden in stukjes
- 3 eetlepels plantaardige olie
- 1 middelgrote ui, grof gesneden
- 3 teentjes knoflook, fijngehakt
- 2 takjes curryblaadjes, blaadjes geplukt (of 3 laurierblaadjes)
- 1 steranijs
- 1 kaneel
- 1 eetlepel tamarindepasta (of citroen- of limoensap)
- 1 theelepel fijn zeezout
- 400 g rauwe gamba's, gepeld
- 200 ml kokosmelk

VOOR HET gemalen KRUIDENMENGSEL
- 1½ eetlepel gemalen koriander
- 2 theelepels gemalen venkel
- 1 theelepel gemalen komijn
- 1 theelepel gemalen kurkuma
- 2 theelepels chilipoeder

INSTRUCTIES:
a) Meng de ingrediënten voor het kruidenmengsel in een kom samen met 100 ml water en zet opzij.

b) Verhit een grillpan of een middelgrote koekenpan op hoog vuur en gril de ananas in twee of drie porties, gedurende 2 minuten aan elke kant, tot hij mooi verkoold en bruin is. Opzij zetten.

c) Verhit een pan op middelhoog vuur. Voeg de olie toe en bak de ui en knoflook tot ze geurig en goudbruin zijn. Voeg de curryblaadjes, steranijs en kaneel toe en kook 1 minuut. Voeg het kruidenmengsel, de tamarinde en het zout toe, zet het vuur laag en laat 2 minuten koken.

d) Voeg nu de garnalen, kokosmelk en 100 ml water toe en kook gedurende 2 minuten, of tot de garnalen roze zijn geworden. Voeg als laatste de ananas toe en kook nog 1 minuut. Serveer met jasmijnrijst.

24. Pittig gebakken schelvis

INGREDIËNTEN:
- 4 stukjes bananenblad, 25×25cm (of bakpapier)
- 3 eetlepels plantaardige olie
- 4 schelvisfilets, elk ongeveer 200-250 g
- 2 citroenen, in 8 plakjes gesneden
- 4 kaffirlimoenblaadjes, in dunne plakjes gesneden (of reepjes schil van 2 limoenen)
- 4 takjes verse koriander, blaadjes geplukt

VOOR DE PASTA:
- 3 sjalotten
- 3 teentjes knoflook
- 8 gedroogde pepers , 10 minuten geweekt in kokend water
- 2 stengels citroengras (gebruik alleen de onderste helft)
- 2,5 cm verse laos (of gember)
- 3 macadamianoten
- 4 theelepels gemberbloemenpuree (of citroengraspuree)
- 1 theelepel garnalenpasta, droog geroosterd (of 2 eetlepels vissaus)
- 1 theelepel fijn zeezout

INSTRUCTIES:
a) Verwarm de oven voor op 200 °C/hetelucht 180 °C/gasstand 6.
b) Maak de bananenbladeren schoon, indien gebruikt, en maak ze zacht door ze een paar seconden op een laag vuur of boven stoom uit een waterkoker te plaatsen. Het blad wordt donker, wordt zachter en is gemakkelijk in te pakken.
c) Gebruik een keukenmachine of een staafmixer en mix de pasta-ingrediënten tot een gladde massa. Verhit de olie in een middelgrote pan op laag vuur, kook de pasta gedurende 4 minuten en zet dan het vuur uit. Leg in het midden van elk bananenblad een visfilet en wrijf deze in met een kwart van de pasta.
d) Leg aan elke kant een schijfje citroen en bestrooi met de limoen- en korianderblaadjes. Vouw de bananenbladeren om, indien gebruikt, en wikkel de vis tot een pakketje. Plaats het vervolgens op een stuk aluminiumfolie van 30 x 30 cm en wikkel het stevig vast, waarbij beide uiteinden vastzitten. Herhaal met de overige visfilets.
e) Leg het op een ovenschaal en bak gedurende 20 minuten. Serveer onmiddellijk.

25. Pittige Zure Zeeduivelstoofpot

INGREDIËNTEN:
- 3 eetlepels plantaardige olie
- 2 stengels citroengras, gekneusd
- 1½ eetlepel gemberbloemenpuree (of citroengraspuree)
- 1 theelepel fijn zeezout
- 1 theelepel bruine suiker
- 3 eetlepels tamarindepasta (of citroen- of limoensap)
- 800 g zeeduivel, grof gesneden in kleine stukjes
- 10 kleine okra, beide uiteinden bijgesneden
- 10 kerstomaatjes
- 4 takjes Vietnamese koriander (of munt of Thaise basilicum), blaadjes geplukt

VOOR DE PASTA:
- 10 gedroogde pepers, 10 minuten geweekt in kokend water
- 1 middelgrote ui
- 1 sjalot
- 3 teentjes knoflook
- 5 cm verse kurkuma (of 2 theelepels gemalen kurkuma)
- 2,5 cm verse gember
- ½ eetlepel garnalenpasta, droog geroosterd (of 2 eetlepels vissaus)

INSTRUCTIES:
a) Gebruik een keukenmachine of staafmixer en mix de pasta-ingrediënten tot een gladde massa.
b) Verwarm een pan op middelhoog vuur. Voeg de olie toe en kook de puree van citroengras en gemberbloemen tot het geurig is. Voeg de pasta toe, zet het vuur laag en kook gedurende 2 minuten, af en toe roerend.
c) Voeg het zout, de suiker en de tamarinde toe en kook gedurende 1 minuut. Voeg de zeeduivel, okra, tomaten en Vietnamese koriander toe.
d) Roer de ingrediënten voorzichtig zodat de pasta de vis bedekt en afsluit. Voeg 800 ml water toe, breng aan de kook, zet het vuur laag en laat 2 minuten sudderen, of tot de vis gaar is.
e) Serveer meteen.

26.Inktvis Chili Sambal

INGREDIËNTEN:

- 4 eetlepels plantaardige olie
- 3 sjalotjes, fijngehakt
- 3 teentjes knoflook, fijngehakt
- 2,5 cm verse gember, fijngehakt
- 6 eetlepels chilipasta , kant-en-klaar uit een potje of zelfgemaakt
- 1 eetlepel bruine suiker
- ½ theelepel fijn zeezout
- 2 eetlepels tamarindepasta (of citroen- of limoensap)
- 1 theelepel garnalenpasta, droog geroosterd (of 2 eetlepels vissaus)
- 500 g inktvistubes, opengesneden, kruislings ingekerfd en in stukjes gesneden
- 8 kerstomaatjes
- 1 middelgrote rode ui, in dunne ringen gesneden

INSTRUCTIES:

a) Verhit een wok of een grote koekenpan op middelhoog vuur. Voeg de olie toe en bak de sjalotten, knoflook en gember tot ze geurig en goudbruin zijn. Voeg de chilipasta , de suiker, het zout, de tamarinde en de garnalenpasta toe, zet het vuur laag en laat 3 minuten sudderen, tot de olie zich afscheidt.

b) Voeg de inktvis, tomaten, rode ui en 100 ml water toe en kook 2 minuten, tot de inktvis is opgerold en de groenten zijn geslonken.

c) Doe het mengsel op een schaal en serveer met jasmijnrijst of kokosrijst.

27. Roerbak Zwarte Peperkrab

INGREDIËNTEN:
- 2 grote bruine krabben, elk ongeveer 400-500 g
- 2 eetlepels arachideolie
- 3 teentjes knoflook, fijngehakt
- 1,5 cm verse gember, fijngehakt
- 1 eetlepel chilipasta, kant-en-klaar uit een potje of zelfgemaakt
- 1 eetlepel zwarte peperkorrels, grof gemalen
- 1 eetlepel gezouten en geconserveerde sojabonen (optioneel)
- 1 eetlepel zoete sojasaus
- 2 eetlepels oestersaus
- ½ theelepel fijn zeezout
- 200 ml kokend water

INSTRUCTIES:
a) Als de krabben nog leven, leg ze dan 30 minuten in de vriezer om ze in coma te brengen en dompel ze vervolgens ongeveer 15 minuten in kokend water. Dit is een menselijker methode dan ze volledig wakker te laten worden. Eenmaal geblancheerd, verwijdert u de schelpen en klauwen en snijdt u de krabben doormidden. Bewaar de klauwen en gooi de schelpen weg.

b) Verhit een wok of een grote, diepe koekenpan op hoog vuur. Voeg de olie toe en bak de knoflook en gember goudbruin. Voeg de chilipasta, zwarte peper, sojabonen, sojasaus, oestersaus, krabben en zout toe en kook 2 minuten, tot de krabben van kleur beginnen te veranderen.

c) Giet er 200 ml kokend water bij, dek de wok of braadpan af met een deksel, zet het vuur middelhoog en laat 5 minuten koken, waarbij u af en toe het deksel eraf haalt om goed te roeren. De krabben moeten klaar zijn en de saus moet ingedikt zijn. Schep het op een schaal en serveer.

28. Boter Garnalen Roerbak

INGREDIËNTEN:
VOOR DE GARNIERING
- 1 eetlepel plantaardige olie
- 3 teentjes knoflook, fijngehakt
- 1 groene chilipeper, in dunne plakjes gesneden
- 4 takjes curryblaadjes, blaadjes geplukt (of 6 laurierblaadjes)
- 450 g rauwe reuzengarnalen, gepeld
- 2 eetlepels verdampte melk
- ½ theelepel fijn zeezout
- ½ theelepel sesamolie
- Voor de eierzijde
- 8 eierdooiers
- ¼ theelepel fijn zeezout
- ½ theelepel witte suiker
- 150 g ongezouten boter, gesmolten
- ¼ theelepel gemalen witte peper

INSTRUCTIES:
a) Om de eierzijde te bereiden, klopt u de eierdooiers, het zout en de suiker in een kom. Verhit een wok of een diepe, middelgrote koekenpan op hoog vuur.
b) Voeg de boter toe en giet het ei er langzaam bij, terwijl je voortdurend roert om floss te creëren. Als de eieren de boter raken, roer ze dan rond. Hierdoor zullen de eieren niet meer samenklonteren en zullen er strengen eierzijde ontstaan. Blijf roeren totdat de eierzijde goudbruin kleurt. Schep de overtollige boter eruit en zeef ze af.
c) Bestrooi met suiker, zeezout en witte peper en roer goed door. Opzij zetten.
d) Zet de wok of koekenpan terug op middelhoog vuur. Voeg de olie toe en roerbak de knoflook, chilipeper en curryblaadjes een paar seconden. Voeg onmiddellijk de garnalen, de verdampte melk en het zout toe en roerbak 2 minuten, tot de garnalen roze kleuren en gaar zijn.
e) Voeg de sesamolie toe, roer alles goed door en doe het dan op een schaal. Bestrijk de garnalen met de eierzijde en serveer meteen.

29.Traditionele viscurry

INGREDIËNTEN:
VOOR DE GARNIERING
- 6 eetlepels plantaardige olie
- 2 takjes curryblaadjes, blaadjes geplukt (of 3 laurierblaadjes)
- 1 theelepel halba Campur (zie hierboven)
- 2 eetlepels tamarindepasta (of citroen- of limoensap)
- 1½ theelepel fijn zeezout
- 800 g zalmfilets, in reepjes van 4 cm breed gesneden
- 50 ml kokosmelk
- 6 okra, diagonaal doormidden gesneden
- 8 kerstomaatjes
- 2 eetlepels fijngehakte koriander, voor garnering

VOOR DE GEMALEN KRUIDEN:
- 2 eetlepels korianderzaad
- 1 theelepel venkelzaad
- ½ theelepel komijnzaad
- ½ theelepel fenegriekzaden
- 1 theelepel zwarte peperkorrels
- 5 cm kaneel
- 1 steranijs

VOOR DE PASTA:
- 3 sjalotten
- 8 gedroogde pepers, 10 minuten geweekt in kokend water
- 4 teentjes knoflook
- 2,5 cm verse gember
- 5 cm verse kurkuma (of 2 theelepels gemalen kurkuma)

INSTRUCTIES:

a) Rooster de ingrediënten voor de gemalen kruiden in een droge koekenpan gedurende 1 minuut tot ze gaan geuren, en maal het mengsel vervolgens fijn met een kruidenmolen. Pureer de pasta-ingrediënten met een scheutje water in een keukenmachine tot een gladde massa, doe ze vervolgens in een kom en meng ze grondig met de gemalen kruiden.

b) Verhit een grote pan op middelhoog vuur en voeg de olie toe. Fruit de curryblaadjes gedurende 10 seconden tot ze geurig zijn en voeg dan het kruidenmengsel en de halba toe campur en kook tot de olie zich scheidt. Voeg de tamarinde en het zout toe en kook gedurende 1 minuut.

c) Voeg de vis toe, samen met 100 ml water, en kook gedurende 2 minuten, totdat de stukken vis dicht zijn. Voeg de kokosmelk, okra en kerstomaatjes toe met nog eens 300 ml water, breng aan de kook en kook nog 2 minuten, tot de groenten geslonken zijn.

d) Haal de vis er met een vork door om te controleren of hij gaar is, schep hem in een serveerschaal, garneer met de koriander en serveer met rijst.

30. Pittige Inktvis Roerbak

INGREDIËNTEN:
- 2 eetlepels plantaardige olie
- 3 teentjes knoflook, in dunne plakjes gesneden
- 2,5 cm verse gember, in julienne gesneden
- 2 stengels citroengras, gekneusd
- 4 kaffirlimoenblaadjes (of reepjes schil van 2 limoenen)
- 4 vogelpepers
- 1 rode chilipeper , dun en diagonaal gesneden
- 1 middelgrote ui, in dunne plakjes gesneden
- 500–600 g inktvisbuizen, schoongemaakt en ingekerfd
- 1 eetlepel oestersaus
- 1 eetlepel lichte sojasaus
- 1 eetlepel vissaus
- 1 theelepel bruine suiker

INSTRUCTIES:
a) Verhit een wok of een grote koekenpan op hoog vuur. Voeg de olie toe en bak de knoflook, gember en citroengras tot ze geurig zijn. Voeg de kaffirlimoenblaadjes, alle pepers en de ui toe en bak 30 seconden, tot de ui lichtjes slinkt.
b) Voeg nu de inktvis, alle sauzen en de suiker toe en bak 1 à 2 minuten, tot de stukjes inktvis zijn opgerold. Schep het op een schaal en serveer meteen.

31. Garnalen & Tuinbonen Roerbak

INGREDIËNTEN:

- 3 sjalotten
- 2,5 cm verse gember
- 3 teentjes knoflook
- 6 eetlepels plantaardige olie
- 8 eetlepels chilipasta , kant-en-klaar uit een potje of zelfgemaakt
- 1½ eetlepel bruine suiker
- 1 theelepel fijn zeezout
- 2 eetlepels tamarindepasta (of citroen- of limoensap)
- 1 theelepel garnalenpasta, droog geroosterd (of 2 eetlepels vissaus)
- 600 g rauwe reuzengarnalen, gepeld
- 100 g tuinbonen (of bitterbonen), 2 minuten geblancheerd in kokend water

INSTRUCTIES:

a) Gebruik een keukenmachine of een staafmixer en maal de sjalotten, gember en knoflook tot een gladde massa. Verhit de olie in een wok of een grote koekenpan op middelhoog vuur en bak het mengsel tot het geurig en goudbruin is.

b) Voeg de chilipasta , de suiker, het zout, de tamarinde en de garnalenpasta toe, zet het vuur laag en laat 3 minuten sudderen, tot de olie zich afscheidt.

c) Voeg de garnalen, bitterbonen en 100 ml water toe en kook 4 minuten, tot de garnalen roze zijn geworden en gaar zijn. Voeg nog eens 200 ml water toe en kook nog een minuut. Zet dan het vuur uit.

d) Schep het op een schaal en serveer meteen.

32.Roerei met oesters

INGREDIËNTEN:
- 12 oesters, gepeld
- 2 eetlepels plantaardige olie
- 2 eetlepels lichte sojasaus
- 3 teentjes knoflook, fijngehakt
- 1 lente-ui, in plakjes van 0,5 cm gesneden
- Een snufje witte peper
- Voor het eierbeslag
- 4 eetlepels gewone bloem
- 4 eetlepels maizena
- ½ theelepel fijn zeezout
- 2 eieren
- Voor het bereiden van de oesters
- 2 eetlepels gewone bloem
- 1 eetlepel witte azijn (bijvoorbeeld rijstazijn)

INSTRUCTIES:
a) Om eventueel zand of gruis van de oesters te verwijderen, bestrijkt u ze met 2 eetlepels bloem en laat u ze 2 minuten staan voordat u ze afspoelt met koud water.
b) Om de oesters mollig en sappig te maken, breng je 500 ml water aan de kook in een pan en voeg je de witte azijn toe. Voeg de oesters toe en blancheer ze 1 minuut. Gebruik een schuimspaan om ze eruit te scheppen en plaats ze vervolgens in een kleine kom met ijskoud water om te voorkomen dat ze verder koken. Opzij zetten.
c) Doe voor het beslag de bloem, maizena en zout in een kom met 100 ml water en meng tot een glad mengsel. Voeg de eieren toe en meng ze er goed door. Verhit 1 eetlepel olie in een koekenpan van 25 cm. Giet het beslagmengsel erbij en strooi er 1 eetlepel sojasaus over.
d) Kook het beslag tot het knapperig is, draai het dan om en gebruik twee houten lepels om het in kleinere stukjes te gooien. Zet het vuur uit, schep het roerei eruit en doe het op een bord.
e) Verwarm de pan opnieuw op hoog vuur en voeg de resterende eetlepel olie toe. Fruit de knoflook tot deze geurig en licht goudbruin is, voeg dan de oesters en de lente-ui toe en kook tot ze geslonken zijn.
f) Voeg de resterende eetlepel sojasaus toe, roer voorzichtig, schep het mengsel eruit en voeg het toe aan het roereibeslag.
g) Strooi er voor het serveren een snufje witte peper over.

33. Krokant gebakken zeebrasem met kurkuma

INGREDIËNTEN:
- 3 middelgrote hele zeebrasems, elk ongeveer 150-200 g, gestript, ontschorst en ingesneden (of gebruik zeebrasemfilets)
- 1 eetlepel gemalen kurkuma
- 1 theelepel fijn zeezout
- ½ eetlepel grofgemalen zwarte peper
- 6 eetlepels plantaardige olie

INSTRUCTIES:
a) Spoel de vis af met water, wrijf hem rijkelijk in met kurkuma, zout en zwarte peper en laat 10 minuten marineren.
b) Zet een grote koekenpan op middelhoog vuur, voeg de olie toe en bak de vis gedurende 3 minuten aan elke kant. Serveer meteen.

VLEES

34. Kip in sojasaus en honing

INGREDIËNTEN:
- 1 kg kippendijstukjes zonder botten
- 2 eetlepels gemalen kurkuma
- ½ theelepel fijn zeezout
- 6 eetlepels plantaardige olie
- 2 sjalotjes, fijngehakt
- 3 teentjes knoflook, fijngehakt
- 2,5 cm verse gember, fijngehakt
- 2 eetlepels gemalen kruidenmix voor vlees, gemengd met een beetje water
- 3 eetlepels honing
- 150 ml zoete sojasaus
- ½ theelepel fijn zeezout

DE KRUIDEN EN KRUIDEN
- Kaneelstokje van 5 cm
- 1 steranijs
- 4 kruidnagels
- 2 kardemompeulen
- 1 pandanblad , in een knoop gebonden (of 2 laurierblaadjes)
- 2 takjes curryblaadjes, blaadjes geplukt (of 3 laurierblaadjes)

INSTRUCTIES:
a) Doe de kip, de kurkuma en het zout in een kom en laat 15 minuten marineren.
b) Verhit een grote koekenpan op middelhoog vuur. Voeg 4 eetlepels olie toe en bak de kip gedurende 3 minuten aan elke kant goudbruin.
c) Verhit een pan op middelhoog vuur. Voeg de resterende olie toe en bak de sjalotten, knoflook en gember tot ze geurig en goudbruin zijn.
d) Voeg de specerijen en kruiden toe en bak 1 minuut. Voeg de gemalen kruidenmix toe en laat 2 minuten koken. Voeg vervolgens de kip, honing, zoete sojasaus en zout toe samen met 200 ml water. Breng aan de kook, zet het vuur laag en laat 10 minuten sudderen, tot de stukken kip goed gaar zijn. De saus moet worden ingekookt en ingedikt.
e) Doe het in een serveerschaal en serveer met rijst.

35. Maleisische kipcurry

INGREDIËNTEN:
- ½ middelgrote ui
- 3 teentjes knoflook
- 2,5 cm verse gember
- 3 eetlepels gemalen kruidenmix voor vlees
- 4 eetlepels plantaardige olie
- 1 steranijs
- Kaneelstokje van 5 cm
- 1 pandanblad , vastgebonden in een losse knoop (of 3 laurierblaadjes)
- 2 eetlepels tamarindepasta (of citroen- of limoensap)
- 1 theelepel fijn zeezout
- 400 g kipfilets zonder botten, in dunne plakjes gesneden
- 50 ml kokosmelk

INSTRUCTIES:
Pureer de ui, knoflook en gember in een keukenmachine of met een staafmixer tot ze fijn zijn. Meng in een kom de gemalen kruidenmix met 100 ml water.

Verhit een pan op middelhoog vuur en voeg de olie toe. Bak de ingrediënten goudbruin en voeg dan de steranijs, kaneel en pandanblad toe. Bak gedurende 30 seconden, voeg dan het gemalen kruidenmengsel, de tamarinde en het zout toe en kook gedurende 2-3 minuten, tot de olie zich afscheidt.

Voeg de stukken kip samen met 150 ml water toe en laat sudderen tot de kip gaar is. Voeg als laatste de kokosmelk toe en breng aan de kook. Schep het in een kom en serveer met rijst.

36. Pittig en zuur rundvleesstoofpotje

INGREDIËNTEN:
- 400 g runderlende, in dunne plakjes gesneden
- 1 sjalot, in dunne plakjes gesneden
- 2 teentjes knoflook, in dunne plakjes gesneden
- 2,5 cm verse gember, in dunne plakjes gesneden
- 2,5 cm verse laos (of extra gember), in dunne plakjes gesneden
- ½ theelepel gemalen kurkuma
- 2 stengels citroengras (gebruik alleen de onderste helft), gekneusd
- ½ eetlepel korianderzaad, grof gemalen
- 4 chilipepers, gekneusd
- 2 eetlepels tamarindepasta (of citroen- of limoensap)
- ½ theelepel garnalenpasta, droog geroosterd (of 2 eetlepels vissaus)
- 1 theelepel fijn zeezout
- 10 kerstomaatjes

VOOR DE GARNERING:
- 2 eetlepels kant-en-klare gebakken sjalotjes
- 1 lente-ui, in reepjes van 5 cm gesneden
- 6 takjes verse koriander
- ½ theelepel chilivlokken

INSTRUCTIES:
a) Doe alle ingrediënten behalve de kerstomaatjes en de garnering in een pan en voeg 1,2 liter water toe. Breng aan de kook, zet het vuur lager en laat 30 minuten zonder deksel sudderen tot het vlees gaar is.

b) Voeg de kerstomaatjes toe en kook 2 minuten, tot ze zacht beginnen te worden. Zet het vuur uit en garneer met gebakken sjalotten, lente-uitjes, korianderblaadjes en chilivlokken.

37. Chinese Kip & Kruidenstoofpot

INGREDIËNTEN:
- 1,2 kg kippendijen, met bot
- 8 teentjes knoflook, geperst
- 1 eetlepel donkere sojasaus
- 2 eetlepels lichte sojasaus
- 1 eetlepel oestersaus
- 8 stuks kant-en-klare gebakken sponzige tofu, gehalveerd
- 80 g gedroogde tahoesticks, 1 uur geweekt in koud water en in stukjes van 5 cm gesneden
- 4 takjes verse koriander, fijngehakt, voor garnering
- 1 lente-ui, in plakjes van 0,5 cm gesneden, voor garnering

KRUIDEN (OF GEBRUIK EEN KLAAR BAK KUT TEH KRUIDENPAKKET VAN 70G)
- 1 theelepel witte peperkorrels, licht geplet
- 1 steranijs
- 1 kaneelstokje
- 1 theelepel venkelzaad
- 4 plakjes gedroogde zoethoutwortel (gan chaos)
- 3 plakjes gedroogde astragaluswortel (huang qi)
- 4 plakjes gedroogde engelwortel (dong quai)
- 4 gedroogde pruimenbloemwortels (dang shen)

INSTRUCTIES:

a) Doe de kip, knoflook, sojasaus, oestersaus en de kruiden in een grote pan, samengebonden in een stuk mousseline. Voeg 2 liter water toe, breng aan de kook, zet het vuur lager en laat 1 uur sudderen.

b) Voeg de gebakken sponzige tofu en tahoesticks toe en laat nog eens 15 minuten sudderen. Schep het geheel in kommen en serveer, gegarneerd met koriander en lente-ui.

38. Kippenlever & Fijne Groene Bonen Roerbak

INGREDIËNTEN:

- 500 g kippenlevers, in stukken van 4 cm gesneden
- 2 groene pepers, ontpit en fijngestampt
- 2 cm verse kurkuma, gestampt (of 1 theelepel gemalen kurkuma)
- ½ eetlepel gemalen koriander
- ½ theelepel gemalen komijn
- ½ theelepel gemalen venkel
- 1 groene kardemompeul, hele peul fijngestampt
- 100 ml kokosmelk
- ½ theelepel fijn zeezout
- 400 g fijne sperziebonen, diagonaal in stukken van 4 cm gesneden

INSTRUCTIES:

a) Doe de kippenlevertjes, pepers, kurkuma en gemalen kruiden in een kom en laat 5 minuten marineren.
b) Verhit een middelgrote pan op middelhoog vuur en voeg de gemarineerde ingrediënten, kokosmelk en zout toe, samen met 200 ml water.
c) Breng aan de kook, zet het vuur laag en laat 5 minuten sudderen, tot de saus tot de helft is ingekookt en de levers gaar zijn. Voeg de bonen toe en kook 1 minuut, tot ze iets slinken.
d) Schep het op een schaal en serveer meteen.

39. Gegrilde steak

INGREDIËNTEN:
- 2 eetlepels korianderzaad
- 1 eetlepel komijnzaad
- 1 eetlepel witte peperkorrels
- 4 biefstukken, elk ongeveer 150 g
- 1½ theelepel fijn zeezout

INSTRUCTIES:
a) Doe de koriander, komijn en peperkorrels in een vijzel en stamp ze fijn met een stamper, zodat de textuur enigszins grof blijft. Breng over naar een grote kom.
b) Voeg het rundvlees en het zout toe aan de kom en laat 30 minuten marineren.
c) Grill het vlees 5 minuten aan elke kant. Vervolgens gril je het rundvlees, afhankelijk van hoe je het wilt hebben, nog ongeveer 2 minuten aan elke kant – zo krijg je medium rare rundvlees (zoals ik het lekker vind). Je kunt het vlees desgewenst in een stevige koekenpan met dikke bodem bereiden. Laat de pan heel heet worden – dit geeft je rundvlees een licht verkoolde, zoete afdronk.
d) Doe het gekookte rundvlees op een schaal, dek af met aluminiumfolie (of, om rustieker te zijn, met een bananenblad) en laat het 5 minuten rusten, snijd het vervolgens in 2 cm dikke reepjes en serveer met tamarindedip met in blokjes gesneden tomaat en ui .

40.Rijke lamscurry

INGREDIËNTEN:
- 8 eetlepels plantaardige olie
- Kaneelstokje van 5 cm
- 2 steranijs
- 4 groene kardemompeulen
- 1 stengel citroengras, gekneusd
- 2 pandanblaadjes, in een knoop gebonden (of 4 laurierblaadjes)
- 2 eetlepels tamarindepasta (of citroen- of limoensap)
- 1 eetlepel bruine suiker
- 1½ theelepel fijn zeezout
- 1 kg lamsbout zonder been, in stukken van 4 cm gesneden
- 200 ml kokosmelk
- 3 eetlepels kerisik (geroosterde kokosnoot)

VOOR DE GEMALEN KRUIDEN:
- 5 eetlepels gemalen kruidenmix voor aromatische runderrijst en rijke lamscurry

VOOR DE PASTA:
- 3 sjalotten
- 10 gedroogde pepers, 10 minuten geweekt in kokend water
- 4 teentjes knoflook
- 5 cm verse gember
- 5 cm verse laos (of extra gember)
- 5 cm verse kurkuma (of 2 theelepels gemalen kurkuma)
- 1 middelgrote ui
- 3 stengels citroengras
- 1 theelepel garnalenpasta, droog geroosterd (of 2 eetlepels vissaus)

INSTRUCTIES:

a) Pureer de pasta-ingrediënten in een keukenmachine met een scheutje water tot een gladde massa. Doe het mengsel in een kom en meng het grondig met het gemalen kruidenmengsel.

b) Verhit een grote pan op middelhoog vuur en voeg de olie toe. Fruit de kaneel, steranijs, kardemompeulen, citroengras en pandanblaadjes gedurende 2 minuten, tot ze geurig zijn. De kruiden trekken in de olie. Voeg het kruidenpastamengsel, de tamarinde, de suiker en het zout toe en bak 2-3 minuten, tot de olie zich afscheidt.

c) Voeg het lamsvlees toe en roer goed zodat de kruiden het vlees omhullen. Voeg nu de kokosmelk toe, samen met 300 ml water, en breng aan de kook. Zet het vuur vervolgens 30 minuten lager, tot de saus is ingekookt en ingedikt.

d) Voeg de kerisik toe, roer goed, zet het vuur uit en doe het in een serveerschaal. Serveer met gewone rijst of gestoomde kleefrijst.

41. Nyonya Kapitan Kipcurry

INGREDIËNTEN:

- 6 eetlepels plantaardige olie
- 1 stengel citroengras, gekneusd
- 1½ theelepel fijn zeezout
- ½ eetlepel bruine suiker
- 800 g kippendijen zonder botten
- 100 ml kokosmelk
- 3 eetlepels kerisik (geroosterde kokosnoot)
- 6 kaffirlimoenblaadjes, in dunne plakjes gesneden (of reepjes schil van 2 limoenen)
- 1½ eetlepel limoensap

VOOR DE KRUIDENMIX

- 2 eetlepels korianderzaad
- ½ theelepel gemalen nootmuskaat
- 2 theelepels komijnzaad
- ½ theelepel fenegriekzaden
- Kaneelstokje van 5 cm

VOOR DE PASTA:

- 3 sjalotten
- 5 teentjes knoflook
- 5 cm verse kurkuma (of 2 theelepels gemalen kurkuma)
- 2,5 cm verse gember
- 2,5 cm verse laos (of extra gember)
- ½ middelgrote ui
- 8 gedroogde pepers , 10 minuten geweekt in kokend water
- 2 stengels citroengras
- 1 theelepel garnalenpasta, droog geroosterd (of 2 eetlepels vissaus)
- 4 gemalen macadamianoten

INSTRUCTIES:

a) Rooster het kruidenmengsel gedurende 1 minuut in een koekenpan op middelhoog vuur, doe het in een kruidenmolen en maal het fijn.

b) Gebruik een keukenmachine of een staafmixer en mix de pasta-ingrediënten met een scheutje water tot een gladde massa. Doe het mengsel in een kom en meng goed met het gemalen kruidenmengsel.

c) Verhit de olie in een pan op middelhoog vuur en bak het citroengras gedurende 1 minuut, zodat de olie kan trekken. Voeg de pasta en het kruidenmengsel toe en bak 2 minuten, tot de olie zich afscheidt. Voeg het zout, de suiker en de kip toe en kook 2 minuten om te sluiten.

d) Voeg de kokosmelk samen met 300 ml water toe en breng aan de kook, zet het vuur laag en laat 10 minuten sudderen, één of twee keer roerend, tot de kip gaar is.

e) Voeg als laatste de kerisik, limoenblaadjes en limoensap toe en kook 2 minuten, serveer dan met jasmijnrijst.

42.Perak Rundvlees Rendang

INGREDIËNTEN:
- 6 eetlepels plantaardige olie
- 1 stengel citroengras, gekneusd
- 4 groene kardemompeulen
- 800 gram rundsvlees (het lekkerst)
- 100 ml kokosmelk
- 1 eetlepel donkere kokossuiker of melassesuiker
- 1 theelepel fijn zeezout
- 4 eetlepels kerisik (geroosterde kokosnoot)
- 4 kaffirlimoenblaadjes, gekneusd (of reepjes schil van 2 limoenen)

VOOR DE GEMALEN KRUIDENMIX
- 1 eetlepel venkelzaad
- 2 eetlepels korianderzaad
- 1 theelepel komijnzaad
- 1 theelepel zwarte peperkorrels

VOOR DE KRUIDENPASTA
- 10 gedroogde pepers, 10 minuten geweekt in kokend water
- 3 stengels citroengras
- 5 cm verse gember
- 5 cm verse laos (of extra gember)
- 5 cm verse kurkuma (of 2 theelepels gemalen kurkuma)
- 3 teentjes knoflook
- 1 theelepel garnalenpasta, droog geroosterd (of 2 eetlepels vissaus)
- ½ middelgrote ui

INSTRUCTIES:

a) Rooster de ingrediënten van het kruidenmengsel droog in een kleine pan tot ze geurig zijn en maal de zaden vervolgens met een kruidenmolen tot ze in een fijn poeder zijn veranderd. Pureer de pasta-ingrediënten in een keukenmachine tot een gladde massa.

b) Meng het gemalen kruidenmengsel en de ingrediënten van de kruidenpasta in een kom tot een currypasta. Verhit de olie in een grote pan en bak het citroengras en de kardemompeulen gedurende 30 seconden zodat de olie kan trekken. Voeg het pasta- en kruidenmengsel toe en bak ongeveer 5 minuten, tot de olie zich afscheidt.

c) Voeg het rundvlees, de kokosmelk, de suiker en het zout toe, samen met 100 ml water, en roer alles goed door. Laat het 45 minuten op laag vuur sudderen, of tot het vlees gaar is.

d) Voeg als laatste de kerisik en limoenblaadjes toe en laat 2 minuten op laag vuur koken. Serveer met gestoomde jasmijnrijst.

43. Aromatische Kipcurry

INGREDIËNTEN:
- 300 gram aardappelen
- 6 eetlepels plantaardige olie
- 1 steranijs
- Kaneelstokje van 5 cm
- 2 takjes curryblaadjes, blaadjes geplukt (of 3 laurierblaadjes)
- 1 eetlepel tamarindepasta (of citroen- of limoensap)
- 1 theelepel fijn zeezout
- 800 g stukjes kippendij zonder botten
- 100 ml kokosmelk
- 4 takjes verse koriander, blaadjes geplukt en grof gehakt

VOOR DE GEMALEN KRUIDENMIX
- 2 eetlepels korianderzaad
- 2 theelepels komijnzaad
- 2 theelepels venkelzaad
- 1 kaneelstokje, in stukjes gebroken
- 1 steranijs, in stukjes gebroken

VOOR DE KRUIDENPASTA
- 10 gedroogde pepers, 10 minuten geweekt in kokend water
- 4 teentjes knoflook
- 2 sjalotten
- 1,5 cm verse gember
- 2,5 cm verse kurkuma (of 1 theelepel gemalen kurkuma)

INSTRUCTIES:

a) Kook de aardappelen met de schil in een kleine pan met water gedurende 8-10 minuten, tot ze gaar zijn. Giet ze af, schil ze en snij ze in kleine stukjes, doe ze in een kom en zet ze opzij.

b) Rooster de ingrediënten van de gemalen kruidenmix in een koekenpan op middelhoog vuur gedurende 1 minuut. Doe het in de kruidenmolen en maal tot een gladde massa.

c) Gebruik een keukenmachine of een staafmixer en maal de pasta-ingrediënten met een scheutje water tot een gladde massa. Doe het mengsel in een kom en meng goed met het gemalen kruidenmengsel.

d) Verhit een pan op middelhoog vuur. Voeg de olie toe en bak de steranijs en kaneel gedurende 30 seconden zodat de olie kan trekken. Voeg het pasta-kruidenmengsel en de curryblaadjes toe en bak 2 minuten, tot de olie zich afscheidt.

e) Voeg de tamarinde en het zout toe en kook gedurende 1 minuut, voeg dan de kip toe en kook gedurende 2 minuten om te sluiten. Voeg de kokosmelk toe, samen met 600 ml water, breng aan de kook, zet het vuur laag en laat 10 minuten sudderen, tot de kip gaar is.

f) Voeg de aardappelen toe en kook nog 2 minuten. Garneer met de gehakte koriander en serveer direct, met jasmijn- of basmatirijst.

44. Rundvlees in sojasaus

INGREDIËNTEN:

- 300 g aardappelen, geschild en in plakjes van 1 cm gesneden
- 200 ml plantaardige olie
- ½ middelgrote ui, fijngehakt
- 5 teentjes knoflook, fijngehakt
- 2,5 cm verse gember, fijngehakt
- Kaneelstokje van 5 cm
- 2 steranijs
- 4 kardemompeulen
- 1 pandanblad , vastgebonden in een losse knoop (of 2 laurierblaadjes) (optioneel)
- 2 eetlepels gemalen kruidenmix voor vlees, gemengd met een scheutje water
- ½ theelepel fijn zeezout
- 1 kg rundergehakt, in stukjes gesneden
- 180 ml zoete sojasaus
- 3 eetlepels kokosmelk

VOOR DE GARNERING:

- 6 eetlepels plantaardige olie
- 2 takjes curryblaadjes, blaadjes geplukt (of 3 laurierblaadjes)
- 5 cm verse gember, in julienne gesneden
- 1 middelgrote rode ui, in ringen van 0,5 cm gesneden

INSTRUCTIES:

a) Verwijder een deel van het zetmeel uit de gesneden aardappelen door ze 5 minuten in water te weken en dep ze daarna droog met keukenpapier.

b) Verhit de olie in een koekenpan op middelhoog vuur en bak de aardappelen tot ze goudbruin zijn. Haal ze eruit met een schuimspaan en zet opzij. Gebruik dezelfde olie om de ingrediënten voor de garnering knapperig en goudbruin te bakken. Schep eruit en zet opzij.

c) Verhit een grote, diepe pan op middelhoog vuur en voeg 6 eetlepels olie toe die gebruikt is om de aardappelen te bakken en te garneren. Voeg de ui, knoflook en gember toe en kook tot het geurig is. Voeg de kaneel, steranijs, kardemompeulen en pandanblad toe en kook al roerend tot het mengsel goudbruin kleurt.

d) Voeg het gemalen kruidenmengsel en het zout toe en kook tot de olie zich scheidt. Laat nog 2 minuten koken, voeg dan het rundvlees toe en roer om te coaten. Voeg de sojasaus, de kokosmelk en 250 ml water toe, breng aan de kook, zet het vuur lager en laat 30 minuten sudderen, tot het vlees gaar is en de saus is ingedikt.

e) Haal van het vuur en voeg de gebakken aardappelen en de ingrediënten voor de garnering toe, goed roerend. Serveer meteen.

45. Kip & Shiitake Paddestoel Roerbak

INGREDIËNTEN:

- 8 gedroogde shiitake-paddenstoelen
- 2 eetlepels plantaardige olie
- 1 rode chilipeper , in plakjes van 0,5 cm gesneden
- 5 teentjes knoflook, fijngehakt
- 2,5 cm verse gember, in julienne gesneden
- 800 g kipfilets zonder botten, in dunne plakjes gesneden
- 4 eetlepels oestersaus
- 2 eetlepels lichte sojasaus
- 1 theelepel sesamolie
- ½ theelepel witte peper
- 2 lente-uitjes, in plakjes van 0,5 cm gesneden

INSTRUCTIES:

a) Week de shiitake paddenstoelen in kokend water gedurende 10 minuten, tot ze zacht zijn. Giet af, verwijder de steeltjes en snijd de champignons doormidden, doe ze in een kom en zet ze opzij.

b) Verhit de olie in een wok of een grote pan op middelhoog vuur. Fruit de chilipeper , knoflook en gember tot ze geurig en goudbruin zijn. Voeg de kip, oestersaus en sojasaus toe en kook 2 minuten om de kip te sluiten.

c) Voeg de shiitake-paddenstoelen en 100 ml water toe en kook nog 3 minuten, of tot de kip gaar is. Zet het vuur uit en besprenkel met de sesamolie, witte peper en lente-uitjes. Roer het geheel goed door en serveer meteen.

46.Kip in Chili- en Tomatensaus

INGREDIËNTEN:

- ½ eetlepel gemalen kurkuma
- Een snufje fijn zeezout
- 800 g kipfilets zonder botten, in grote stukken gesneden
- 150 ml plantaardige olie
- 2 sjalotjes, fijngehakt
- 4 teentjes knoflook, fijngehakt
- 2,5 cm verse gember, fijngehakt
- 1 pandanblad , in een knoop (of 1 stuk citroengras)
- 2 steranijs
- Kaneelstokje van 5 cm
- 8 eetlepels chilipasta , kant-en-klaar in een potje of zelfgemaakt
- 4 eetlepels tomatenpuree
- ½ eetlepel tamarindepasta (of citroen- of limoensap)
- ½ eetlepel witte suiker
- 1 theelepel fijn zeezout
- 2 eetlepels kokosmelk
- 2 tomaten, in vieren gesneden
- 3 eetlepels diepvrieserwten

INSTRUCTIES:

a) Meng de kurkuma en het zout, wrijf dit over de stukken kip en laat het 5 minuten staan.

b) Verhit de olie in een grote koekenpan op middelhoog vuur en bak de kip in 4 minuten bruin. Bak in twee of drie porties – de kip hoeft niet volledig gaar te zijn, omdat deze in de saus wordt gestoofd. Haal de stukken kip eruit en zet apart.

c) Verhit de olie in de pan en voeg de sjalotjes, knoflook en gember toe. Wanneer de ingrediënten geurig ruiken, voeg je het pandanblad , de steranijs en de kaneel toe en kook je tot de ingrediënten goudbruin beginnen te worden. Voeg de chilipasta , tomatenpuree, tamarinde, suiker en zout toe en kook op middelhoog vuur tot de olie zich afscheidt.

d) Voeg de kip toe, samen met 200 ml water, roer en laat 10 minuten sudderen, tot de kip gaar is. Voeg de kokosmelk toe en kook 1 minuut, voeg dan de tomaten en erwten toe en laat 2 minuten koken, tot ze geslonken zijn. Serveer meteen.

47. Maleisische Portugese Duivelscurry

INGREDIËNTEN:
- 1 theelepel zwarte mosterdzaadjes
- 1 theelepel bruin mosterdzaad
- 100 ml witte azijn
- 200 ml plantaardige olie
- 2 middelgrote aardappelen, geschild en in stukjes gesneden
- 1 theelepel fijn zeezout
- 2 theelepels bruine suiker
- 1,2 kg kipstukken, met bot
- 2 eetlepels lichte sojasaus
- 2 tomaten, in vieren
- 4 groene of rode pepers, schuin gesneden in plakjes van 2 cm
- 4 takjes koriander, voor garnering

VOOR DE KRUIDENPASTA
- 15 gedroogde pepers, 10 minuten geweekt in kokend water
- 3 sjalotten
- 2 stengels citroengras
- 2,5 cm verse gember
- 2,5 cm verse laos (of extra gember)
- 5 cm verse kurkuma (of 2 theelepels gemalen kurkuma)
- ½ middelgrote ui
- 4 teentjes knoflook

INSTRUCTIES:

a) Week in een kom alle mosterdzaadjes gedurende 10 minuten in de azijn. Gebruik een keukenmachine of een staafmixer en maal de ingrediënten van de pasta tot een gladde massa. Voeg een scheutje water toe als het te droog wordt.

b) Verhit een kleine koekenpan op middelhoog vuur. Voeg de olie toe en bak de aardappelen goudbruin en gaar. Schep het uit met een schuimspaan en droog het met keukenpapier. Opzij zetten.

c) Verhit een grote, diepe pan op middelhoog vuur. Giet de olie erbij die overblijft na het bakken van de aardappelen, voeg dan de kruidenpasta toe en bak 4 minuten, tot het geurig ruikt en de olie zich afscheidt. Voeg het zout en de suiker toe en kook gedurende 1 minuut, voeg dan de kip toe en kook gedurende 3 minuten, om te sluiten. Voeg de mosterdzaadjes met hun weekazijn, de sojasaus en 200 ml water toe en breng aan de kook. Zet het vuur laag en laat 15 minuten sudderen, tot de kip gaar is.

d) Voeg de tomaten, pepers en aardappelen toe en kook 2 minuten. Garneer met koriander en serveer met jasmijn- of basmatirijst.

48. Gegrild rundvlees in kurkuma en kokosmelk

INGREDIËNTEN:
- 800 g runderlende of lendenstuk, in grote stukken gesneden
- 3 theelepels komijnzaad, grof gestampt
- 1 theelepel zwarte peperkorrels, grof gemalen
- 1½ theelepel fijn zeezout
- 1 eetlepel plantaardige olie
- 500 ml kokosmelk
- 2 eetlepels tamarindepasta (of citroen- of limoensap)
- 1 stengel citroengras, gekneusd
- 500 g pompoen, in blokjes gesneden en 10 minuten gekookt
- 6 kaffirlimoenblaadjes, in dunne plakjes gesneden (of reepjes schil van 2 limoenen)
- 1 theelepel chilivlokken, voor garnering

VOOR DE KRUIDENPASTA
- rode vogelpepers
- 2 sjalotten
- 3 teentjes knoflook
- 5 cm verse gember
- 5 cm verse kurkuma (of 2 theelepels gemalen kurkuma)
- 2 stengels citroengras

INSTRUCTIES:
a) Doe het rundvlees, de komijn, de zwarte peper en het zout in een kom en meng goed. Dek af met huishoudfolie en laat 30 minuten in de koelkast marineren.
b) Pureer de pasta-ingrediënten in een keukenmachine of gebruik een staafmixer tot een gladde massa.
c) Zet een grillpan op hoog vuur tot deze heet is en rookt, en voeg dan de olie toe. Doe het vlees er onmiddellijk in en bak 2 minuten aan elke kant, zet dan het vuur uit en dek de pan gedurende 5 minuten af met aluminiumfolie.
d) Verwarm een grote, diepe pan op middelhoog vuur.
e) Voeg de kokosmelk, tamarinde, citroengras, kruidenpasta en 600 ml water toe.
f) Breng aan de kook, zet het vuur laag, voeg het rundvlees, de flespompoen en de kaffir-limoenblaadjes toe en laat 30 minuten sudderen.
g) Garneer met chilivlokken en serveer met jasmijnrijst.

49. Lamsvlees in Komijn & Koriandersaus

INGREDIËNTEN:

- 6 eetlepels plantaardige olie
- 2 sjalotjes, fijngehakt
- 4 teentjes knoflook, fijngehakt
- 2,5 cm verse gember, fijngehakt
- 4 kardemompeulen
- 4 kruidnagels
- 1 steranijs
- Kaneelstokje van 5 cm
- 1 pandanblad , in een knoop gebonden (of 2 laurierblaadjes)
- 5 eetlepels gemalen kruidenmix voor vlees
- 1 eetlepel tamarindepasta (of citroen- of limoensap)
- 1 theelepel fijn zeezout
- 50 ml kokosmelk
- 600 g lamsvlees, in kleine stukjes gesneden
- 2 takjes munt, blaadjes geplukt

INSTRUCTIES:

a) Verhit de olie in een koekenpan op middelhoog vuur. Voeg de sjalotjes, knoflook, gember, kardemompeulen, kruidnagel, steranijs, kaneel en pandanblad toe en kook tot het geurig is. Voeg de gemalen kruidenmix toe, samen met 200 ml water, de tamarinde, het zout en de kokosmelk en kook tot de olie zich scheidt.

b) Voeg het lamsvlees toe, roer het goed door, voeg 100 ml water toe en laat het 30 minuten op laag vuur sudderen, tot het vlees gaar is. Zet het vuur uit en bestrooi met muntblaadjes. Roer het nog een laatste keer door en serveer meteen.

50. Kip Rendang

INGREDIËNTEN:
- 1 hele kip, ongeveer 1,5 kg, in 12 stukken gesneden
- 400 ml kokosmelk
- 1 eetlepel witte suiker
- 1 theelepel fijn zeezout
- 1 eetlepel tamarindepasta (of citroen- of limoensap)
- 2 stengels citroengras (gebruik alleen de onderste helft), gekneusd
- 6 kaffirlimoenblaadjes, gekneusd (of reepjes schil van 2 limoenen)
- 2 eetlepels kerisik (geroosterde kokosnoot)

VOOR DE KRUIDENPASTA
- 20 gedroogde pepers, 10 minuten geweekt in kokend water
- 2,5 cm verse gember
- 5 cm verse laos (of extra gember)
- 2 stengels citroengras
- 4 teentjes knoflook
- 2 sjalotten
- ½ middelgrote ui

INSTRUCTIES:
a) Doe alle ingrediënten van de kruidenpasta in een keukenmachine en mix tot een gladde massa.

b) Verhit een wok op hoog vuur en voeg de gemengde ingrediënten, de kip, kokosmelk, suiker, zout, tamarinde en citroengras toe, samen met 200 ml water.

c) Breng aan de kook, zet het vuur middelhoog en laat het ongeveer 1 uur sudderen. Vergeet niet af en toe te roeren.

d) Kook tot de olie zich heeft afgescheiden en de saus is ingedikt.

e) Voeg nu de limoenblaadjes en de kerisik toe. Roer en kook nog eens 5 minuten, serveer dan met rijst.

51.Soja Kip Roerbak

INGREDIËNTEN:
- 2 kipfilets zonder vel, elk ongeveer 200-250 g, in reepjes gesneden
- 1 eetlepel plantaardige olie
- 100 g peultjes
- Voor de marinade
- 3 teentjes knoflook, fijngehakt
- 2,5 cm verse gember, fijngehakt
- 50 ml water
- 200 ml zoete sojasaus
- 2 eetlepels oestersaus

INSTRUCTIES:
a) Meng de ingrediënten voor de marinade in een kom, voeg de kipreepjes toe en laat 30 minuten in de koelkast marineren.
b) Verhit een grillpan of koekenpan op middelhoog vuur tot deze heet is en voeg dan de olie toe.
c) Kook de gemarineerde kip gedurende 3-4 minuten, roer lichtjes tot de kip gaar is, voeg de peultjes en eventueel overgebleven marinade toe en kook gedurende 2 minuten tot de groenten lichtjes geslonken zijn.
d) Zet het vuur uit en breng over naar een serveerschaal. Serveer met jasmijnrijst.

52.Kip met Citroengras en Kokossaus

INGREDIËNTEN:
- 800 g kipfilets, vlindergesneden
- 2 stengels citroengras (gebruik alleen de onderste helft), gepureerd
- 1 theelepel gemalen kurkuma
- 1 theelepel fijn zeezout
- Voor de saus
- 4 sjalotjes, gepeld
- 3 teentjes knoflook
- 2,5 cm verse gember
- 2 stengels citroengras (gebruik alleen de onderste helft)
- 3 eetlepels plantaardige olie
- 4 eetlepels chilipasta, kant-en-klaar uit een potje of zelfgemaakt
- ¼ theelepel gemalen kurkuma
- 1 eetlepel tamarindepasta (of citroen- of limoensap)
- ½ theelepel fijn zeezout
- 200 ml kokosmelk

INSTRUCTIES:
a) Doe de kip met het gepureerde citroengras, de kurkuma en het zout in een kom en laat 1 uur marineren.
b) Zet de barbecue of grillpan klaar en bak de kip gedurende 4 minuten aan elke kant, tot hij mooi verkoold en gaar is. Doe het over op een schaal en dek af met aluminiumfolie om het warm te houden.
c) Om de saus te maken, maalt u de sjalotjes, knoflook, gember en citroengras in een blender tot ze fijn zijn. Verhit een middelgrote pan op middelhoog vuur, voeg de olie toe en bak de gepureerde ingrediënten tot ze geurig zijn. Voeg de chilipasta, kurkuma, tamarinde en zout toe en kook 2 minuten. Voeg nu de kokosmelk toe en breng aan de kook.
d) Giet de saus over de gegrilde kip en serveer meteen.

53.Gebakken gekruide kip

INGREDIËNTEN:
- 800 g kippendijen zonder botten
- 4 eetlepels plantaardige olie
- Voor de marinade
- 30 g verse gember
- 20 g verse laos (of extra gember)
- 3 teentjes knoflook
- 2 bananensjalotten
- 4 eetlepels gemalen kruidenmix voor vlees
- 4 takjes curryblaadjes
- 2 theelepels zeezout
- 2 eetlepels kokosmelk
- ½ eetlepel limoensap
- 1 theelepel bruine suiker

INSTRUCTIES:
a) Pureer de gember, laos, knoflook en sjalotten en doe ze samen met alle overige marinade-ingrediënten in een kom. Voeg de stukken kip toe, roer goed door, dek af en zet minimaal 1 uur, of een hele nacht, in de koelkast.

b) Verhit de olie in een grote koekenpan of wok op laag vuur en bak de kip ongeveer 6 minuten aan elke kant. Serveer in één keer.

54. Rundvlees & Gember Roerbak

INGREDIËNTEN:

- 800 g rundvlees, in plakjes van 2 cm gesneden
- 2 eetlepels plantaardige olie
- 1 rode chilipeper , in dunne plakjes gesneden
- 3 teentjes knoflook, fijngehakt
- 5 cm verse gember, geschild en in dunne plakjes gesneden
- ½ theelepel gemalen kurkuma
- 1 middelgrote ui, in dunne plakjes gesneden
- 2 lente-uitjes, in plakjes van 1 cm gesneden
- Voor de marinade
- 4 eetlepels oestersaus
- 1 theelepel sesamolie
- 3 eetlepels lichte sojasaus
- ½ eetlepel grofgemalen zwarte peper
- 5 cm verse gember, zeer fijngehakt

INSTRUCTIES:

a) Meng de ingrediënten voor de marinade in een kom, voeg de stukken rundvlees toe en laat 30 minuten op kamertemperatuur marineren.

b) Verhit een wok of een grote frituurpan tot deze heet is en voeg de olie toe. Fruit de chilipeper , knoflook en gember tot ze geurig en goudbruin zijn. Voeg het gemarineerde rundvlees en de kurkuma toe en roer continu gedurende 5 minuten, totdat het vlees gesloten is.

c) Voeg de ui en lente-uitjes toe en roerbak nog een minuut. Zet op een schaal en serveer meteen.

GROENTEN

55. Mangosalade

INGREDIËNTEN:

- 700–800 g ongerijpte (stevig en groen, niet zacht en sappig) mango's, geschild en in julienne gesneden
- 2 tomaten, ontpit en in dunne plakjes gesneden
- ½ sjalot, in dunne plakjes gesneden
- 2 eetlepels limoensap
- ½ theelepel fijn zeezout
- 1 theelepel grofgemalen zwarte peper
- 2 rode pepers, ontpit en fijngestampt
- 4 eetlepels gemalen pinda's
- 8 takjes verse koriander, blaadjes geplukt
- Optionele ingrediënten
- 4 eetlepels gedroogde garnalen, 10 minuten geweekt in warm water
- 1 eetlepel vissaus

INSTRUCTIES:

a) Doe de mango's, tomaten, sjalot, limoensap, zeezout, gedroogde garnalen en vissaus (indien gebruikt) in een kom en meng voorzichtig maar grondig met je vingers of twee houten lepels.

b) Doe over in een serveerschaal of kom en bestrooi met de zwarte peper, chilipepers, gemalen pinda's en koriander. Serveer meteen.

56. Maleisische kruidenrijst en zalmsalade

INGREDIËNTEN:

- 400 gram Verse zalm
- 2 eetlepels Sojasaus
- 2 eetlepels Mirin
- 6 kopjes Gekookte jasmijnrijst
- ½ kopje Geroosterd; geraspte kokosnoot
- 1 5 cm stuk kurkuma; geschild
- 1 5 cm stuk laos; geschild
- 3 eetlepels Vissaus
- 2 klein Rode pepers; gezaaid en gehakt
- 8 Kaffirlimoenblaadjes
- ½ kopje Thaise basilicum
- ½ kopje Vietnamese munt
- Extra geroosterde kokosnoot om te serveren.
- 1 Rijpe avocado; geschild
- 1 Rode Chili; gehakt
- 2 Teentjes knoflook; gehakt
- ¾ kopje Olijfolie; (licht)
- ⅓ kopje Limoensap
- ¼ kopje Citroensap
- ½ kopje Thaise basilicumblaadjes
- 10 Takjes korianderblaadjes en stengel

INSTRUCTIES:

a) Laat de visboer het vel van de zalm verwijderen en plaats deze in een ondiepe glazen schaal. Meng de soja en mirin en giet het over de vis en laat 30 minuten marineren. Verhit een grillpan of grill en bak de vis goudbruin aan de buitenkant en net gaar aan de binnenkant, ongeveer 3 minuten aan elke kant. Koel.

b) Snijd de kurkuma-, laos-, chili- en kaffirlimoenblaadjes zeer fijn en meng met de gekookte rijst. Voeg de geroosterde kokosnoot, basilicum en munt toe en meng met de vissaus. Opzij zetten.

c) Maak de dressing. Pureer alle ingrediënten in een keukenmachine tot een dikke massa, strijk glad en spatel de dressing door de rijst tot de rijst lichtgroen kleurt.

d) Schilfer de gekookte vis en voeg deze toe aan de rijst, meng heel voorzichtig om te verdelen.

e) Serveer de salade op kamertemperatuur, gegarneerd met geroosterde kokosnoot.

57. Groene bonensalade

INGREDIËNTEN:
- 400 g fijne sperziebonen, in stukken van 4 cm gesneden
- 10 kerstomaatjes, gehalveerd
- 50 g geroosterde pinda's, gemalen
- 2 takjes Thaise basilicum, blaadjes geplukt (of gewone basilicum)

VOOR DE DRESSING:
- 1 rode chilipeper, ontpit en grof gestampt
- 3 teentjes knoflook, grof geperst
- 2 eetlepels gedroogde garnalen, 10 minuten geweekt in warm water (optioneel)
- 1 eetlepel palmsuiker of bruine suiker
- 1 eetlepel limoensap
- 1 eetlepel vissaus

INSTRUCTIES:

a) Breng in een middelgrote pan 500 ml water aan de kook en blancheer de bonen gedurende 15 seconden, tot ze licht geslonken zijn. Leg ze onmiddellijk in ijskoud water en laat ze een minuutje weken. Giet af en doe in een kom.

b) Voeg de tomaten en alle ingrediënten voor de dressing toe aan de bonen en meng voorzichtig maar grondig. Doe het mengsel op een serveerschaal en strooi er de pinda's en basilicumblaadjes over. Serveer meteen.

58. Waterkers Salade

INGREDIËNTEN:

- 2 bosjes waterkers of waternavel, ongeveer 300 g
- ½ middelgrote ui
- 2,5 cm verse gember
- 1 rode chilipeper, zonder zaadjes
- 2 eetlepels kerisik (geroosterde kokosnoot)
- ½ eetlepel limoensap
- Fijn zeezout, naar smaak
- ½ theelepel witte suiker

INSTRUCTIES:

a) Verwijder de wortels van de waternavel, maar bewaar de stengels. Om de waternavel schoon te maken, laat je hem 5 minuten in een kom met koud water weken.

b) Haal het uit het water, schud het een beetje en houd het vervolgens 30 seconden onder koud stromend water om eventueel achtergebleven vuil te verwijderen.

c) Pureer de ui, gember en chilipeper in een stamper en vijzel tot ze fijn zijn en doe ze in een kom. Voeg de waternavel, kerisik, limoensap, zout en suiker toe en meng goed. Serveer meteen.

59.Nyonya Vermicelli-noedelsalade

INGREDIËNTEN:
- 2 eetlepels plantaardige olie
- 150 g rijstvermicelli-noedels
- 200 g rauwe gamba's, gepeld
- 6 stuks kant-en-klare gebakken sponzige tofu, elk in 4 gesneden
- 100 g taugé, 10 seconden geblancheerd in kokend water
- 1 eetlepel gemberbloemenpuree (of 2,5 cm verse laos of gember, geschild en gepureerd)
- 1 eetlepel bruine suiker
- 1 theelepel fijn zeezout
- 2 eetlepels limoensap
- 3 eetlepels kant-en-klare gebakken sjalotjes
- 10 takjes verse koriander, blaadjes geplukt en grof gehakt
- 6 kaffirlimoenblaadjes, in dunne plakjes gesneden (of reepjes schil van 2 limoenen)

VOOR DE PASTA:
- 2 sjalotten
- 3 teentjes knoflook
- 2,5 cm verse gember
- 2 stengels citroengras (gebruik alleen de onderste helft)
- 2 rode pepers, zonder zaadjes
- 1 theelepel garnalenpasta, droog geroosterd (of 2 eetlepels vissaus)
- 10 g gedroogde garnalen, 10 minuten geweekt in warm water (optioneel)

INSTRUCTIES:

a) Pureer de pasta-ingrediënten in een keukenmachine of met een staafmixer tot een gladde massa. Verhit een kleine koekenpan op middelhoog vuur, voeg de olie toe en bak de pasta gedurende 2 minuten, tot het geurig is. Schep het in een kleine kom en laat het volledig afkoelen.

b) Breng 1,5 liter water aan de kook in een middelgrote pan, zet het vuur uit en blancheer de noedels gedurende 2 minuten, tot ze zacht zijn. Giet af, spoel af onder koud water en zet opzij.

c) Zet de pan terug op een middelhoog vuur en voeg 500 ml water toe. Breng aan de kook en blancheer de garnalen tot ze roze zijn en gaar. Schep ze eruit met een schuimspaan en laat ze 1 minuut in een kom ijskoud water vallen. Verwijder en zet opzij.

d) Doe de noedels, garnalen, tofu, taugé, gemberbloemenpuree, suiker, zout en limoensap in een serveerschaal en roer zodat alle ingrediënten goed bedekt zijn.

e) Voeg de sjalotjes, koriander en kaffirlimoenblaadjes toe, roer de salade nog een laatste keer voorzichtig om en serveer meteen.

60. Maleisische kruidenrijst en zalmsalade

INGREDIËNTEN:
- 400 gram Verse zalm
- 2 eetlepels sojasaus en 2 eetlepels Mirin
- 6 kopjes Gekookte jasmijnrijst
- Kaffirlimoenblaadjes
- ½ kopje Geroosterd; geraspte kokosnoot
- Kurkuma/ laos; geschild
- 3 eetlepels Vissaus

DRESSING
- 2 kleine rode pepers; gezaaid en gehakt
- ½ kopje Thaise basilicum
- ½ kopje Vietnamese munt
- 1 Rijpe avocado; geschild
- 1 Rode Spaanse peper ; gehakt
- 2 teentjes knoflook; gehakt
- ⅓ kopje Limoensap

INSTRUCTIES:
a) Meng de soja en mirin en giet het over de vis en laat 30 minuten marineren. Verhit een grillpan of grill en bak de vis goudbruin .
b) Julienne van de kurkuma , laos, chilipeper en kaffirlimoenblaadjes en meng met de gekookte rijst. Voeg de geroosterde kokosnoot, basilicum en munt toe en meng met de vissaus. Opzij zetten.
c) Pureer alle dressingingrediënten en spatel de dressing door de rijst tot de rijst lichtgroen kleurt . Schil de gekookte vis en voeg deze toe aan de rijst .

61. Maleise Plantaardige Dhal Curry

INGREDIËNTEN:
- 300 g linzen, minimaal 4 uur of een nacht in water geweekt
- 1 pandanblad , in een knoop (of 2 laurierblaadjes)
- 1½ eetlepel kant-en-klaar gemalen kruidenmix voor vlees
- ½ theelepel gemalen kurkuma
- 150 ml kokosmelk
- 2 eetlepels tamarindepasta (of citroen- of limoensap)
- Kaneelstokje van 5 cm
- 2 steranijs
- 1 theelepel fijn zeezout
- 1 middelgrote aardappel, geschild en in kleine stukjes gesneden
- 1 wortel, in dunne partjes van 4 cm lang gesneden
- 150 g aubergines , in kleine stukjes gesneden
- 1 kleine groene mango, in kleine stukjes gesneden
- 2 groene pepers , ontpit en in de lengte doorgesneden
- 100 g fijne sperziebonen, in stukken van 2,5 cm gesneden

VOOR DE GARNERING:
- 3 eetlepels plantaardige olie
- ½ middelgrote rode ui, in ringen gesneden
- 3 gedroogde pepers
- 2 takjes curryblaadjes (of 3 laurierblaadjes)

INSTRUCTIES:
a) Breng 1 liter water aan de kook in een middelgrote pan. Voeg de uitgelekte linzen en de pandanknoop toe en kook gedurende 15 minuten, tot de linzen zacht en licht papperig zijn. Voeg de gemalen kruidenmix, kurkuma, kokosmelk, tamarinde, kaneel, steranijs en zout toe. Kook 5 minuten op middelhoog vuur en voeg dan de aardappel, wortel, aubergine , mango, pepers en bonen toe.

b) Kook 5-10 minuten, tot de aardappel en aubergine zacht zijn. Als de saus droog begint te worden, voeg dan meer water toe. Breng indien nodig op smaak met zout, zet het vuur uit en doe de curry in een kom.

c) Verhit de garneringsolie in een middelgrote koekenpan. Voeg alle ingrediënten voor de garnering in één keer toe en bak 2 minuten, tot de ui goudbruin is.

d) Haal de ingrediënten eruit met een schuimspaan en strooi over de curry. Serveer meteen.

62.Pompoen in kurkuma en kokosmelk

INGREDIËNTEN:

- 500 g pompoen, geschild en in stukken van 4 cm gesneden
- 3 teentjes knoflook, tot een pasta gestampt
- 2,5 cm verse kurkuma, tot een pasta gestampt (of 1 theelepel gemalen kurkuma)
- 1 middelgrote rode ui, in 8 partjes gesneden
- 1 theelepel fijn zeezout
- 300 ml kokosmelk
- 4 kaffirlimoenblaadjes, in dunne plakjes gesneden (of reepjes schil van 2 limoenen)

INSTRUCTIES:

a) Kook de pompoen in een middelgrote pan in 500 ml water gedurende 8-10 minuten tot hij gaar is en laat hem vervolgens uitlekken.

b) Doe de pompoen in een middelgrote pan met 500 ml water en alle overige ingrediënten behalve de limoenblaadjes. Breng op middelhoog vuur aan de kook, zet het vuur laag en laat 5 minuten koken, één of twee keer roeren.

c) Voeg de limoenblaadjes toe, kook nog een minuut en serveer.

63. Bloemkool & Broccoli Roerbak

INGREDIËNTEN:
- 1 theelepel gemalen kurkuma
- 3 eetlepels lichte sojasaus
- 1 eetlepel plantaardige olie
- 2 teentjes knoflook, fijngehakt
- 150 g bloemkool, in kleine stukjes gesneden
- 150 g broccoli, in kleine stukjes gesneden
- 100 g wortelen, in de lengte doormidden gesneden en diagonaal in plakjes van 0,5 cm dik gesneden
- ½ theelepel chilivlokken

INSTRUCTIES:

a) Doe de kurkuma en de sojasaus in een kleine kom en meng met 50 ml water.

b) Verhit een wok of een grote koekenpan op hoog vuur. Voeg de olie toe en bak de knoflook goudbruin. Voeg vervolgens de bloemkool, broccoli en wortels toe. Kook gedurende 1 minuut en voeg dan het kurkuma-sojamengsel toe.

c) Bak gedurende 2 minuten, roer een of twee keer, schep het dan op een serveerschaal en strooi er chilivlokken over. Serveer meteen.

64. Gestoomde Pak Choy

INGREDIËNTEN:
- 300 gram paksoi
- 2 teentjes knoflook, fijngehakt
- 1 rode chilipeper, in dunne plakjes gesneden
- 2 eetlepels champignon- of oestersaus
- 1 theelepel sesamolie

INSTRUCTIES:
a) Snijd de paksoi in enkele stengels en was grondig.
b) Plaats de bladeren op een bord of bakje dat in uw stomer past. Strooi de knoflook en chili erover en stoom 5 minuten, tot de paksoi geslonken is.
c) Haal uit de stoompan en besprenkel met de champignon- of oestersaus en sesamolie. Serveer meteen.

65. Geroerbakte okra

INGREDIËNTEN:
- 2 eetlepels plantaardige olie, plus ½ theelepel voor het roerei van het ei
- 1 rode chilipeper , diagonaal gesneden in plakjes van 0,5 cm
- 1 sjalot, in dunne ringen van 0,5 cm gesneden
- 2 teentjes knoflook, in dunne plakjes gesneden
- 300 g okra, beide uiteinden afgesneden en diagonaal doormidden gesneden
- 1 eetlepel tamarindepasta (of citroen- of limoensap)
- 2 eetlepels lichte sojasaus
- 1 ei

INSTRUCTIES:

a) Verhit een wok of een grote koekenpan. Voeg de 2 eetlepels olie toe en bak de chili 10 seconden, zodat de olie kan trekken.

b) Voeg de sjalot en de knoflook toe en bak tot ze goudbruin zijn, voeg dan de okra, de tamarinde en de sojasaus toe en bak 2 minuten, tot de okra begint te slinken.

c) Duw alles met een visschijfje of een houten lepel naar één kant van de wok of braadpan en besprenkel de ½ theelepel olie in het vrijgemaakte gebied. Breek het ei erin en laat het klauteren, meng dan het ei en de okra en bak nog eens 30 seconden.

d) Schep het op een schaal en serveer.

66.Spinazie Roerbak

INGREDIËNTEN:
- 400 gram spinazie
- 1 eetlepel plantaardige olie
- ½ rode chilipeper , in dunne plakjes gesneden
- 3 teentjes knoflook, fijngehakt
- ½ middelgrote ui, in dunne plakjes gesneden
- 2 eetlepels lichte sojasaus

INSTRUCTIES:
a) Snijd de onderkant van de spinaziestengels af en was de bladeren goed.
b) Verhit de olie in een wok of een grote koekenpan op hoog vuur. Fruit de chili ongeveer 10 seconden, voeg dan de knoflook en de ui toe en kook tot ze goudbruin zijn. Voeg de spinazie en de sojasaus toe en dek af met een deksel gedurende 2 minuten, zodat de spinazie gelijkmatig slinkt. Haal vervolgens het deksel eraf en roer alles goed door.
c) Doe over in een kom en serveer.

67. Eieren in Chili Sambal

INGREDIËNTEN:

- 6 eetlepels plantaardige olie
- 4 sjalotten, 2 in ringen van 0,5 m gesneden en de andere heel gelaten
- 3 teentjes knoflook
- 2,5 cm verse gember
- 6 eetlepels chilipasta , kant-en-klaar uit een potje of zelfgemaakt
- 2 eetlepels tamarindepasta (of citroen- of limoensap)
- 1 eetlepel bruine suiker
- ½ theelepel fijn zeezout
- ½ theelepel garnalenpasta, droog geroosterd (of 2 eetlepels vissaus)
- 4 eieren
- 1 grote ui, in dunne ringen gesneden
- 4 takjes verse koriander, blaadjes geplukt
- ½ theelepel chilivlokken

INSTRUCTIES:

a) Verhit de olie in een koekenpan op middelhoog vuur en bak de sjalotringen goudbruin. Uitscheppen met een schuimspaan en deppen met keukenpapier. Opzij zetten.

b) Pureer de knoflook, gember en de overige sjalotjes met een scheutje water met een staafmixer tot een gladde massa. Verhit de overgebleven olie in een koekenpan op middelhoog vuur en bak de gepureerde ingrediënten tot ze geurig en goudbruin zijn.

c) Voeg de chilipasta toe en laat op een laag vuur sudderen tot de olie zich scheidt. Voeg vervolgens de tamarinde, de suiker, het zout en de garnalenpasta toe en kook tot de olie zich weer scheidt. Voeg 300 ml water toe, breng aan de kook en zet het vuur laag.

d) Breek de eieren in de saus en kook 3-4 minuten. Het gerecht is klaar als de eieren in de saus gekookt zijn en het eiwit stevig is. Als u de eierdooiers liever volledig gaar heeft, laat het dan nog 3 à 4 minuten op laag vuur sudderen.

e) Garneer met de gebakken sjalotten, koriander en chilivlokken en serveer.

RIJST EN NOEDELS

68. Witte rijst

INGREDIËNTEN:

- 500 g rijst
- 2 pandanblaadjes, in knopen gebonden (of 3 laurierblaadjes) (optioneel)

INSTRUCTIES:

a) Doe de rijst in een kom, bedek hem met koud water en laat hem 20 minuten weken.
b) Giet af en doe de rijst en de pandanknopen in een diepe pan met 1,2 liter water. Zet op middelhoog vuur en breng aan de kook, zet het vuur lager en kook gedurende 8 minuten, terwijl u één of twee keer roert.
c) Zet het vuur uit, dek af met huishoudfolie of aluminiumfolie om de stoom op te vangen en laat 15 minuten staan. Verwijder de pandanknopen en serveer direct.

69.Tomaat Rijst

INGREDIËNTEN:

- 250 g ghee (of boter)
- 50 gram rozijnen
- 25 g amandelvlokken
- 1 middelgrote ui, in blokjes gesneden
- 4 teentjes knoflook, fijngehakt
- 2,5 cm verse gember, fijngehakt
- Kaneelstokje van 5 cm
- 4 kardemompeulen
- 4 kruidnagels
- 1 steranijs
- 2 pandanblaadjes, in een knoop gebonden (of 2 laurierblaadjes)
- 1 eetlepel tomatenpuree
- 400 ml tomatensoep uit blik
- 100 ml geëvaporeerde melk
- 500 g basmatirijst, gewassen en 20 minuten geweekt in koud water
- 1½ theelepel fijn zeezout
- 1 eetlepel rozenwater
- 4 takjes munt, blaadjes geplukt

INSTRUCTIES:

a) Verhit een grote, diepe pan op middelhoog vuur. Voeg de ghee toe en bak de rozijnen en amandelvlokken gedurende 20 seconden. Schep ze vervolgens met een schuimspaan uit de pan en doe ze in een kom.

b) Voeg de ui toe aan de ghee die in de pan achterblijft en bak tot ze goudbruin zijn. Voeg vervolgens de knoflook, gember, kaneel, kardemom, kruidnagel, steranijs en pandanknopen toe en bak gedurende 1 minuut, tot het geurig is.

c) Voeg nu de tomatenpuree, de tomatensoep en de verdampte melk toe. Breng aan de kook en voeg de rijst, het zout en het rozenwater toe. Meng grondig en voeg vervolgens 900 ml water toe.

d) Breng opnieuw aan de kook en zet het vuur laag.

e) Dek af met een deksel en kook gedurende 8 minuten, terwijl u één of twee keer roert.

f) Zet het vuur uit, dek de pan af met aluminiumfolie en laat 15 minuten staan.

g) Strooi de muntblaadjes, rozijnen en amandelschilfers erover, roer goed, doe het op een schaal en serveer meteen.

70. Penang Wokgebakken platte noedels met garnalen

INGREDIËNTEN:

- 200 g gedroogde platte rijstnoedels, 8 of 10 mm breed
- 2 eetlepels plantaardige olie, plus extra voor het roerei van het ei
- 3 teentjes knoflook, fijngehakt
- 10 rauwe gamba's, gepeld
- 10 verse kokkels, schelpen verwijderd (traditioneel, maar optioneel)
- 2 eetlepels chilipasta , kant-en-klaar uit een potje of zelfgemaakt
- 3 eetlepels lichte sojasaus
- 3 eetlepels zoete sojasaus
- 1 ei
- 125 g taugé
- 50g koe choi (knoflook of Chinese bieslook) of lente-uitjes
- ½ theelepel sesamolie
- Een snufje gemalen witte peper

INSTRUCTIES:

a) Breng ruim water aan de kook in een middelgrote pan en zet het vuur uit. Blancheer de noedels gedurende 8 minuten zonder deksel, laat ze uitlekken en laat er koud water over lopen, laat ze opnieuw uitlekken en zet ze opzij.

b) Verhit een wok of een grote koekenpan op hoog vuur en voeg de 2 eetlepels olie toe. Fruit de knoflook ongeveer 5 seconden en voeg dan de garnalen en kokkels toe. Kook tot de garnalen roze kleuren. Voeg de chilipasta toe en bak 30 seconden, voeg dan de noedels en de twee sojasauzen toe. Bak 2 minuten, tot de noedels de saus hebben opgenomen.

c) Duw de noedels naar één kant van de wok en besprenkel er nog een beetje olie mee. Breek het ei erdoor, laat het klauteren en roer het dan door de noedels. Voeg de taugé en de bieslook toe en laat 1 minuut koken, zet dan het vuur uit, besprenkel met de sesamolie, roer alles goed door en doe het op een schaal of ondiepe kom.

d) Bestrooi met de peper en serveer direct.

71. Garnalencurry Laksa

INGREDIËNTEN:
- 150 g vermicelli-noedels
- ½ theelepel gemalen kurkuma
- 6 eetlepels plantaardige olie
- 12 rauwe gamba's, gepeld
- 1½ theelepel fijn zeezout
- 1 theelepel witte suiker
- 100 ml kokosmelk
- 100 g spinazie, in reepjes van 10 cm gesneden
- 6 stuks kant-en-klare gebakken sponzige tofu, elk in 4 gesneden
- 100 g taugé
- Sap van 1 limoen

VOOR DE KRUIDENPASTA
- 8 gedroogde pepers, 10 minuten geweekt in kokend water
- 3 sjalotten
- 4 teentjes knoflook
- 2,5 cm verse gember
- 2 stengels citroengras (gebruik alleen de onderste helft)
- ½ theelepel garnalenpasta, droog geroosterd (of vissaus)

VOOR DE GEMALEN KRUIDENMIX
- 1 eetlepel korianderzaad
- 1 theelepel komijnzaad
- 1 steranijs
- 1 kaneelstokje
- ½ theelepel zwarte peperkorrels
- 2 groene kardemompeulen

INSTRUCTIES:

a) Pureer alle pasta-ingrediënten in een keukenmachine tot een gladde massa.
b) Doe de vermicelli-noedels in een kom en voeg 1 liter kokend water toe. Blancheer gedurende 2 minuten en laat vervolgens uitlekken. Doe de noedels 3 minuten in een kom met ijskoud water, laat ze vervolgens uitlekken en zet ze opzij.
c) Rooster de ingrediënten van het kruidenmengsel in een koekenpan gedurende 30 seconden op middelhoog vuur droog, doe ze in een kruidenmolen en maal ze fijn.
d) Meng in een kom de gemengde kruidenpasta, gemalen kruidenmix en gemalen kurkuma grondig.
e) Verhit een pan op middelhoog vuur. Voeg de olie toe en bak het kruidenpastamengsel gedurende 2 minuten, tot het geurig is. Voeg de garnalen toe en kook 2 minuten, tot ze roze zijn geworden en gaar zijn. Voeg het zout, de suiker en de kokosmelk toe, samen met 750 ml water, en breng aan de kook.
f) Zet het vuur laag en voeg de spinazie, tofu, taugé, uitgelekte noedels en limoensap toe. Kook gedurende 2 minuten, doe het dan in een kom en serveer.

72. Penang-noedelsoep met visbouillon

INGREDIËNTEN:
- 600 g makreelfilets
- 4 takjes Vietnamese koriander (of basilicum), blaadjes van de stengel geplukt
- 4 theelepels gemberbloemenpuree (of citroengraspuree)
- 4 eetlepels tamarindepasta (of citroen- of limoensap)
- 1½ theelepel fijn zeezout
- 1 theelepel witte suiker
- 600 g dikke 'kant-en-klare' udon- rijstnoedels

VOOR DE KRUIDENPASTA
- 3 sjalotten
- 2 stengels citroengras (gebruik alleen de onderste helft)
- 2,5 cm verse laos (of gember)
- 8 gedroogde pepers , 10 minuten geweekt in kokend water
- 1 theelepel garnalenpasta, droog geroosterd (of 2 eetlepels vissaus)

VOOR DE GARNERING:
- 100 g ananas, in dunne partjes gesneden
- ½ komkommer, in julienne gesneden
- 1 middelgrote rode ui, in dunne ringen gesneden
- 2 rode pepers , ontpit en in dunne plakjes gesneden
- 4 takjes munt, blaadjes geplukt en grof gehakt
- 2 takjes Vietnamese koriander (of basilicum), blaadjes geplukt en grof gehakt

INSTRUCTIES:
a) Pureer de kruidenpasta-ingrediënten in een keukenmachine of met een staafmixer tot ze fijn zijn en zet opzij.

b) Doe de vis in een pan met 1,8 liter water en breng aan de kook. Schep de vis met een schuimspaan in een kom en breek het vlees met een vork in kleinere stukken, waarbij u de resterende botten verwijdert. Bewaar de visbouillon.

c) Voeg de kruidenpasta toe aan de bouillon, samen met de Vietnamese koriander, gemberbloemenpuree, tamarinde, zout, suiker en stukjes vis. Breng aan de kook, zet het vuur laag en laat 20 minuten koken.

d) Blancheer intussen de noedels 1 minuut in kokend water, laat ze uitlekken en zet ze opzij.

e) Om te serveren, doe de noedels in kleine kommen en schep er de bouillon over. Garneer met de ananas, komkommer, ui, pepers , munt en Vietnamese korianderblaadjes en serveer meteen.

73. Rijstvermicelli Gebakken Noedels

INGREDIËNTEN:

- 1 pakje rijstvermicelli-noedels van 375 g
- 2 eetlepels plantaardige olie
- 5 teentjes knoflook, fijngehakt
- 4 eetlepels chilipasta , kant-en-klaar uit een potje of zelfgemaakt
- 2 eetlepels zoete sojasaus
- 4 eetlepels lichte sojasaus
- 200 g spinazie, in reepjes van 10 cm gesneden
- 200 g taugé
- 2 lente-uitjes, diagonaal in dunne plakjes van 2 cm gesneden

INSTRUCTIES:

a) Breng 3 liter water aan de kook in een grote pan, zet het vuur uit en blancheer de vermicellinoedels gedurende 2 minuten. Giet af, doe de noedels gedurende 3 minuten in een kom met ijskoud water, laat ze vervolgens weer uitlekken en zet ze opzij.

b) Verhit de olie in een wok of grote koekenpan op hoog vuur en fruit de knoflook goudbruin. Voeg de chilipasta toe en bak 1 minuut, voeg dan de noedels en beide sojasauzen toe en bak 2 minuten, tot alles goed gemengd is. Voeg de spinazie en taugé toe en bak 1 minuut, of tot de groenten geslonken zijn.

c) Voeg de lente-uitjes toe, roer nog eens door, doe ze vervolgens in een grote schaal en serveer ze meteen.

74. Kokos Rijst

INGREDIËNTEN:
- 500 g basmatirijst, afgespoeld en 20 minuten in water geweekt
- 2,5 cm verse gember, in julienne gesneden
- 2 kardemompeulen
- Kaneelstokje van 5 cm
- 1 steranijs
- 2 pandanblaadjes (of laurierblaadjes) (optioneel)
- 1 stengel citroengras, gekneusd
- 250 ml kokosmelk
- 1½ theelepel fijn zeezout
- Voor de specerijen
- Chili- sambal
- 100 g gedroogde ansjovis, gebakken in 100 ml plantaardige olie tot ze knapperig zijn
- 300 g komkommer, geschild en in plakjes van 1 cm gesneden
- 150 g pinda's, droog geroosterd en besprenkeld met ½ eetlepel plantaardige olie
- 4 hardgekookte eieren

INSTRUCTIES:
a) Doe alle ingrediënten, behalve de specerijen, in een grote, diepe pan met 1,1 liter water en roer goed door.
b) Breng op middelhoog vuur aan de kook, dek af met een deksel en laat 8 minuten sudderen, een of twee keer roeren. Zet het vuur uit, dek de pan af met aluminiumfolie en laat 15 minuten staan.
c) Doe het in een kom en serveer met de sambal en andere kruiden.

75. Gestoomde kleefrijst met kurkuma

INGREDIËNTEN:
- 600 gram kleefrijst
- 2 eetlepels gemalen kurkuma
- 1 theelepel zwarte peperkorrels
- 2 pandanblaadjes , elk in een knoop gebonden (of 2 laurierblaadjes)
- 300 ml kokosmelk
- 1½ theelepel fijn zeezout

INSTRUCTIES:
a) Doe de kleefrijst in een kom en voeg water toe tot 5 cm boven het niveau van de rijst. Voeg de kurkuma en de peperkorrels toe en roer goed om goed te mengen. Dek de kom af en laat de rijst minimaal 4 uur weken. Als je wilt, kun je hem ook een nacht laten staan.

b) Zet een stoompan op of plaats een rooster in een wok of diepe pan met deksel. Giet er 5 cm water bij en breng op hoog vuur aan de kook.

c) Giet de rijst af en doe hem in een ronde bakplaat of cakevorm die in de stoompan past. Voeg de pandanknopen toe en stoom gedurende 30 minuten, doe het vervolgens in een kom, verwijder de pandanknopen en voeg de kokosmelk en het zout toe.

d) Meng goed, doe de rijst terug in de schaal of het blik en stoom nog eens 15 minuten. Haal het opnieuw uit de stomer en roer het goed door.

e) Schep in een kom en serveer met eenvoudige Maleisische kipcurry, runderrendang of aromatische en rijke droge lamscurry.

76. Aromatische Rundvleesrijst

INGREDIËNTEN:
- 400 g rundvlees, in stukjes gesneden
- 2 theelepels fijn zeezout
- 150 g ghee (of boter)
- 50 gram rozijnen
- 25 gram cashewnoten
- 1 grote ui, in blokjes gesneden
- Kaneelstokje van 5 cm
- 4 groene kardemompeulen
- 4 kruidnagels
- 1 steranijs
- 2 pandanblaadjes, in een knoop gebonden (of 4 laurierblaadjes)
- 5 eetlepels gemalen kruidenmix voor aromatische runderrijst en rijke lamscurry, gemengd met een scheutje water
- 500 g basmatirijst, gewassen en 20 minuten in koud water geweekt en vervolgens uitgelekt
- 100 ml geëvaporeerde melk
- 4 takjes munt, blaadjes geplukt

INSTRUCTIES:
a) Verhit een grote, diepe pan op middelhoog vuur en voeg 1,3 liter water toe. Voeg het rundvlees en het zout toe en breng aan de kook, zet het vuur laag en laat het 30 minuten sudderen. Zet de verwarming uit. Schep met een schuimspaan de stukjes rundvlees in een kom en zet opzij.
b) Breng de bouillon over naar een andere kom. Je hebt 1,2 liter nodig.
c) Verhit een tweede grote diepe pan op middelhoog vuur. Voeg de ghee toe en bak de rozijnen en cashewnoten gedurende 30 seconden, verwijder ze vervolgens met een schuimspaan en doe ze in een kleine kom.
d) Voeg de ui toe aan de ghee die in de pan achterblijft en bak tot ze goudbruin zijn. Voeg dan de kaneel, kardemom, kruidnagel, steranijs en pandanknopen toe en bak gedurende 1 minuut, tot het geurig is.
e) Voeg het gemalen kruidenmengsel toe aan de pan, voeg vervolgens het rundvlees toe en kook gedurende 2 minuten. Voeg de rijst en de verdampte melk toe, meng goed zodat de rijst een laagje kruiden krijgt en voeg dan de 1,2 liter bouillon toe. Breng aan de kook, zet het vuur laag, dek af met een deksel en laat 8 minuten koken, een of twee keer roeren. Zet het vuur uit, dek de pan af met aluminiumfolie en laat 15 minuten staan.
f) Strooi de muntblaadjes, rozijnen en cashewnoten erover en roer goed door. Doe het in een kom en serveer meteen, met tamarindedip.

77. Kruiden Rijst

INGREDIËNTEN:

- 3 eetlepels plantaardige olie
- 2 sjalotjes, in dunne plakjes gesneden
- 1100 g gekookte basmati- of langkorrelige rijst
- 1 theelepel grofgemalen zwarte peper
- 1 theelepel gemalen witte peper
- 80 g gezouten vis, licht gebakken in een beetje olie, vervolgens afgekoeld en fijngestampt met een stamper en vijzel
- 5 eetlepels kerisik (geroosterde kokosnoot)
- 2 theelepels fijn zeezout
- Voor de kruiden
- 2 eetlepels gemberbloemenpuree (of citroengraspuree)
- 4 eetlepels fijngehakte verse muntblaadjes
- 4 eetlepels fijngehakte verse koriander
- 6 eetlepels fijngehakte waterkers (of waternavel)
- 4 eetlepels fijngehakt citroengras (gebruik alleen de onderste helft)
- 4 eetlepels fijngehakte Vietnamese korianderblaadjes (of munt of basilicum)
- 2 eetlepels fijngehakte kaffirlimoenblaadjes (of limoenschil)
- 4 eetlepels fijngehakte Thaise basilicumblaadjes (of gewone basilicum)
- 2,5 cm verse gember, fijngehakt

INSTRUCTIES:

a) Verhit een middelgrote koekenpan op middelhoog vuur, voeg de olie toe en bak de sjalotten tot ze knapperig en goudbruin zijn. Schep het uit met een schuimspaan en dep het met keukenpapier om overtollige olie te verwijderen.

b) Doe de gekookte rijst, zwarte en witte pepers en gezouten vis in een grote kom en meng goed (ik raad aan om je handen te gebruiken). Voeg de kerisik, het zout en alle kruiden toe en meng goed.

c) Garneer met de gebakken sjalotjes en serveer direct.

78.Plantaardige Ei Gebakken Rijst

INGREDIËNTEN:
- 2 eetlepels plantaardige olie, plus extra voor het roerei van het ei
- 3 teentjes knoflook, fijngehakt
- 2,5 cm verse gember, fijngehakt
- 150 g paksoi, in reepjes van 2,5 cm breed gesneden
- 150 g gemengde groenten (groene erwten, maïs en wortels)
- 1 ei
- 400 g gekookte basmatirijst of langkorrelige rijst
- 1 eetlepel champignonsaus of vegetarische oestersaus
- 3 eetlepels lichte sojasaus
- ½ theelepel gemalen witte peper
- 1 theelepel sesamolie
- 1 lente-ui, in plakjes van 0,5 cm gesneden

INSTRUCTIES:

a) Verhit een wok of een grote koekenpan op hoog vuur. Voeg de olie toe en bak de knoflook en gember tot ze geurig en goudbruin zijn. Voeg de paksoi en gemengde groenten toe en kook 1 minuut, tot de groenten geslonken zijn.

b) Schep de groenten aan één kant van de pan en besprenkel ze met een beetje olie.

c) Breek het ei erdoor, laat het door elkaar roeren en meng het vervolgens goed door de groenten.

d) Voeg de rijst en de champignon- en sojasaus toe en bak 2 minuten. Zet het vuur uit, voeg de witte peper, sesamolie en lente-ui toe en roer nogmaals.

e) Doe over in een schaal en serveer onmiddellijk.

79. Ansjovis Gebakken Rijst

INGREDIËNTEN:

- 4 eetlepels plantaardige olie, plus extra voor het roerei van het ei
- 30 g gedroogde ansjovis
- 3 teentjes knoflook, fijngehakt
- ½ middelgrote ui, in blokjes gesneden
- 1 eetlepel chilipasta , kant-en-klaar uit een potje of zelfgemaakt
- 300 gram gekookte rijst
- 1½ eetlepel zoete sojasaus
- 2 eetlepels lichte sojasaus
- ½ wortel, geschild en in blokjes gesneden
- 2 eetlepels diepvrieserwten
- 1 ei, losgeklopt
- Een snufje witte peper

INSTRUCTIES:

a) Verhit een wok of een grote koekenpan op middelhoog vuur. Voeg de olie toe en bak de ansjovis gedurende 1 à 2 minuten, tot ze knapperig zijn, schep ze eruit en dep ze met keukenpapier.

b) Gebruik de olie die in de pan achterblijft en bak de knoflook en ui tot ze geurig en goudbruin zijn. Voeg de chilipasta toe en bak 30 seconden. Voeg vervolgens de rijst, de beide sojasauzen, de wortel en de diepvrieserwten toe. Meng goed en bak vervolgens 2 minuten, tot de saus goed door de rijst is gemengd.

c) Duw alle ingrediënten naar één kant van de wok, besprenkel er een beetje olie mee en breek het ei erin. Laat het door elkaar roeren, roer het dan door de rijst en roer alles goed door elkaar. Voeg de ansjovis en een snufje witte peper toe, meng goed, schep op een schaal en serveer onmiddellijk.

80. Gebakken rijst in omeletpakketje

INGREDIËNTEN:
- 2 eetlepels plantaardige olie, plus extra voor het roerei van het ei
- 1 middelgrote ui, in blokjes gesneden
- 4 teentjes knoflook, fijngehakt
- 200 g kipfilets zonder bot, in blokjes gesneden
- 1 ei
- 2 eetlepels oestersaus
- 2 eetlepels lichte sojasaus
- 500 gram gekookte rijst
- 100 g gemengde groenten (wortels, erwten, sperziebonen, maïs)
- 1 theelepel fijn zeezout
- ½ theelepel gemalen witte peper
- Voor de wraps
- 4 eieren
- Fijn zeezout
- 2 eetlepels plantaardige olie

INSTRUCTIES:
a) Verhit een wok of een grote koekenpan op hoog vuur. Voeg de olie toe en bak de ui en knoflook tot ze geurig en goudbruin zijn. Voeg de kip toe en bak 2 minuten, om te sluiten.
b) Schep de kip aan één kant van de wok of pan, besprenkel met een beetje olie, breek het ei erin, laat het roerei en meng met de kip.
c) Voeg de oester- en sojasaus, rijst, groenten en zout toe en roer goed. Laat 2 minuten koken, zet dan het vuur uit en bestrooi met de witte peper. Overbrengen naar een kom.
d) Klop één ei los in een kom en voeg een snufje zout toe. Verhit een grote koekenpan, voeg ½ eetlepel olie toe en giet het losgeklopte ei erin, zodat er een dun laagje omelet ontstaat. Bak 1 à 2 minuten, tot het gaar is en krokant goudbruin kleurt.
e) Haal het voorzichtig uit de pan en plaats het op een vlakke ondergrond, klaar om in te pakken. Herhaal met de rest van de eieren om 4 omeletten te maken.
f) Verdeel de gebakken rijst in 4 porties. Leg een portie op een van de omeletten, wikkel het voorzichtig als een pakketje en draai het om zodat de naad eronder ligt. Dit voorkomt dat het pakket opengaat.
g) Herhaal met de overgebleven gebakken rijst en wraps en serveer meteen.

81. Mamak gebakken noedels

INGREDIËNTEN:

- 300 g gedroogde eiernoedels
- 3 eetlepels plantaardige olie, plus extra voor het roerei van de eieren
- 5 teentjes knoflook, fijngehakt
- 300 g kipfilets zonder bot, in dunne plakjes gesneden
- 200 g inktvis, ingesneden en in stukjes gesneden
- 3 eetlepels chilipasta , kant-en-klaar uit een potje of zelfgemaakt
- 4 eetlepels donkere sojasaus
- 4 eetlepels lichte sojasaus
- 2 eetlepels tomatenketchup
- 1½ eetlepel witte azijn
- 75 g zoete aardappel, gekookt en gepureerd met een scheutje water
- 2 eieren
- 200 g taugé
- 150 g aardappelen, gekookt en in stukjes gesneden
- 100 g spinazie, in reepjes van 10 cm gesneden
- 6 beignets, in kleine stukjes gesneden (optioneel)
- 1 limoen, in 4 partjes gesneden

INSTRUCTIES:

a) Breng 2,5 liter water aan de kook in een grote, diepe pan. Voeg de noedels toe en kook gedurende 10 minuten, tot ze zacht zijn, laat ze uitlekken en zet opzij.

b) Verhit een grote wok of koekenpan op hoog vuur, voeg de olie toe en fruit de knoflook tot hij geurig is. Voeg de kip en inktvis toe en kook 2 minuten.

c) Voeg nu de chilipasta toe en bak 1 minuut, voeg dan de noedels, beide sojasauzen, tomatenketchup, azijn en zoete aardappelpuree toe en bak nog 2 minuten.

d) Schep de noedels naar één kant van de wok of koekenpan. Druppel er een beetje olie over, breek de eieren erdoor, laat ze roerei en meng ze vervolgens met de noedels.

e) Voeg de taugé, aardappelen, spinazie en de gekookte beignets toe. Bak tot de groenten verwelken, doe het dan op een schaal en serveer onmiddellijk, met de partjes limoen.

82. Noedels in sojasaus met zeevruchten

INGREDIËNTEN:

- 1 eetlepel plantaardige olie
- 3 teentjes knoflook, fijngehakt
- 2,5 cm verse gember, fijngehakt
- 100 g rauwe mosselen, in hun schelp
- 100 g rauwe reuzengarnalen, gepeld
- 100 g inktvis, ingesneden en in kleine stukjes gesneden
- 2 eetlepels zoete sojasaus
- 1 eetlepel donkere sojasaus
- 1 eetlepel oestersaus
- 10 g gedroogde ansjovis, 5 minuten geweekt in water en gestampt (optioneel)
- 200 g eiernoedels, 5 minuten geweekt in heet water
- 50 gram paksoi
- 50 g taugé
- ½ theelepel gemalen witte peper
- ½ theelepel sesamolie

INSTRUCTIES:

a) Verhit de olie in een koekenpan op middelhoog vuur en bak de knoflook en gember tot ze geurig zijn. Voeg de mosselen, garnalen en inktvis toe. Gooi de mosselen weg die open staan en niet sluiten als je erop tikt. Laat 2 minuten koken, schep dan de garnalen en de inktvis (maar niet de mosselen) in een kom en zet opzij. Dit om te voorkomen dat de zeevruchten te gaar worden.

b) Voeg de beide sojasauzen, de oestersaus en de ansjovis toe, samen met 200 ml water, en laat de mosselen 5 minuten op laag vuur koken om de saus in te dikken.

c) Voeg de eiernoedels, paksoi , taugé, witte peper en sesamolie toe en kook 2 minuten. Leg de garnalen en inktvis terug. Verwijder eventuele ongeopende mosselen en gooi ze weg.

d) Roer nog een keer door, zet het vuur uit, doe het in kleine kommen en serveer meteen.

83. Ipoh Curry-noedelsaus

INGREDIËNTEN:

- 400 g stukjes kippendij zonder botten
- 25 g gedroogde ansjovis (optioneel)
- 2 theelepels fijn zeezout
- Kaneelstokje van 5 cm
- 2 steranijs
- 4 kardemompeulen
- 4 kruidnagels
- 500 gram eiernoedels
- 6 eetlepels plantaardige olie
- 2 takjes curryblaadjes, blaadjes geplukt (of 3 laurierblaadjes)
- 200 ml kokosmelk
- 8 stuks kant-en-klare gebakken sponzige tofu, elk in 4 gesneden
- 100 g taugé

VOOR DE PASTA:

- 3 sjalotten
- 4 teentjes knoflook
- 5 cm verse kurkuma (of 2 theelepels gemalen kurkuma)
- 2,5 cm verse gember
- 2,5 cm verse laos (of extra gember)
- 2 stengels citroengras
- 4 macadamianoten
- 6 gedroogde pepers, 10 minuten geweekt in kokend water
- ½ theelepel garnalenpasta, droog geroosterd (of 1 eetlepel vissaus)
- 1 eetlepel gemalen koriander
- 1 theelepel gemalen komijn
- 1 theelepel gemalen venkel

VOOR DE GARNERING:

- 1 rode chilipeper, in plakjes van 0,5 cm gesneden
- 3 eetlepels kant-en-klare gebakken sjalotjes
- 4 takjes munt, blaadjes geplukt
- 1 limoen, in partjes gesneden
- 4 hardgekookte eieren, in vieren

INSTRUCTIES:
a) Pureer alle pasta-ingrediënten in een keukenmachine tot een gladde massa.
b) Zet een grote, diepe pan op middelhoog vuur en voeg 1,75 liter water toe. Voeg de kip, ansjovis, zout, kaneel, steranijs, kardemompeulen en kruidnagel toe en breng aan de kook, zet het vuur laag en laat 30 minuten sudderen. Zet het vuur uit.
c) Breng in een aparte pan 2 liter water aan de kook op middelhoog vuur. Voeg de eiernoedels toe en kook 6-8 minuten, of tot de noedels zacht zijn. Giet af, spoel af met koud water en zet opzij.
d) Verhit een middelgrote koekenpan op middelhoog vuur. Voeg de olie toe en bak de pasta gedurende 2 minuten, tot het geurig is.
e) Voeg de curryblaadjes toe en bak nog een minuut. Voeg dan de pasta toe aan de kip- en ansjovisbouillon. Zet het vuur weer aan en breng aan de kook. Voeg de kokosmelk en tofu toe, zet het vuur laag en laat 5 minuten sudderen.
f) Voeg de noedels en taugé toe en kook 1 minuut. Garneer met chili , gebakken sjalotjes, muntblaadjes, partjes limoen en hardgekookte eieren en serveer meteen . Ipoh Curry Noodlesaus (MEE KARI IPOH)

84. Rundvlees- en Garnalennoedels

INGREDIËNTEN:
- 400 g rundvlees, in kleine stukjes gesneden
- 2 theelepels fijn zeezout
- 300 g gedroogde eiernoedels
- 2 eetlepels plantaardige olie
- 1 middelgrote ui, in dunne plakjes gesneden
- 5 teentjes knoflook, in dunne plakjes gesneden
- 6 eetlepels chilipasta , kant-en-klaar uit een potje of zelfgemaakt
- 3 eetlepels tomatenpuree
- 1 theelepel witte suiker
- 30 g gedroogde garnalen, 10 minuten geweekt in warm water (optioneel)
- 50 g geroosterde pinda's, gemalen
- 200 g taugé
- 100 g paksoi

VOOR DE GARNERING:
- 2 rode pepers , in dunne plakjes gesneden
- 4 eetlepels kant-en-klare gebakken sjalotjes
- 1 lente-ui, in plakjes van 0,5 cm gesneden
- 2 hardgekookte eieren, in vieren

INSTRUCTIES:
a) Verhit een grote, diepe pan op middelhoog vuur en voeg 2 liter water toe. Voeg het rundvlees en het zout toe en breng aan de kook, zet het vuur laag en laat het 30 minuten sudderen. Zet het vuur uit.

b) Breng in een aparte pan 2 liter water aan de kook op middelhoog vuur. Voeg de eiernoedels toe en kook 6-8 minuten, of tot ze zacht zijn. Giet af, spoel af met koud water en zet opzij.

c) Verhit een middelgrote koekenpan op middelhoog vuur. Voeg de olie toe en bak de ui en knoflook tot ze geurig en goudbruin zijn. Voeg de chilipasta , tomatenpuree, suiker, garnalen en pinda's toe.

d) Laat 3 minuten koken en doe het dan in de pan met rundvlees en bouillon. Meng het goed en zet het vuur terug op medium.

e) Breng aan de kook en voeg dan de noedels, taugé en paksoi toe . Kook 2 minuten, tot de groenten geslonken zijn.

f) Serveer in kleine kommen, gegarneerd met de pepers , gebakken sjalotjes, lente-ui en hardgekookte eieren, en serveer meteen.

85. Kip Gebakken Noedels

INGREDIËNTEN:
- ½ theelepel fijn zeezout
- 450 g gedroogde eiernoedels
- 2 theelepels sesamolie
- 2 eetlepels plantaardige olie
- 3 teentjes knoflook, fijngehakt
- ½ middelgrote ui, in dunne plakjes gesneden
- 500 g kipfilets zonder bot, in dunne plakjes gesneden
- 6 eetlepels lichte sojasaus
- 4 eetlepels chilipasta , kant-en-klaar uit een potje of zelfgemaakt
- 2 eetlepels zoete sojasaus
- 300 g paksoi , gewassen en getrimd
- 100 g kant-en-klare gebakken sponzige tofu, gehalveerd
- 200 g taugé

INSTRUCTIES:
a) Breng in een grote pan 3 liter water aan de kook en voeg het zout toe. Zodra het kookt, voeg je de noedels toe en kook je ze 8-10 minuten. Giet de noedels af en koel ze vervolgens af in vers, koud water. Laat ze nogmaals goed uitlekken en meng ze met de sesamolie. Leg ze opzij.

b) Verhit de plantaardige olie in een wok of een grote koekenpan op hoog vuur. Voeg de knoflook en ui toe en bak tot ze geurig en goudbruin zijn.

c) Voeg de kip en 1 eetlepel lichte sojasaus toe, kook de kip zodat deze aan alle kanten dicht is en voeg dan de chilipasta toe .

d) Laat nog een minuut koken en voeg dan de noedels, de zoete sojasaus en de resterende lichte sojasaus toe. Blijf nog 2 minuten frituren.

e) Voeg de paksoi , tofu en taugé toe en roer voortdurend tot de groenten geslonken zijn. Zet het vuur uit, schep het op een grote schaal en serveer meteen.

86. Maleisische Gebakken Noedels

INGREDIËNTEN:

- 400 g rijstnoedels, 10 mm breed
- 600 g rauwe reuzengarnalen, gepeld
- 2 eetlepels plantaardige olie, plus ½ eetlepel voor het roerei van de eieren
- 5 teentjes knoflook, fijngehakt
- 50 g kokkel- of mosselvlees
- 6 eetlepels chilipasta , kant-en-klaar uit een potje of zelfgemaakt
- 8 eetlepels oestersaus
- 4 eetlepels lichte sojasaus
- 30 g gedroogde ansjovis, 5 minuten geweekt in water, vervolgens uitgelekt en in een stamper en vijzel fijngestampt
- 2 eieren
- 200 g taugé
- 50 g Chinese knoflookbieslook (of lente-uitjes), in stukjes van 2,5 cm gesneden

INSTRUCTIES:

a) Doe de rijstnoedels in een grote pan en bedek ze met kokend water. Laat 4 minuten staan, giet af en spoel af onder koud water.

b) Breng in een middelgrote pan 500 ml water aan de kook en blancheer de garnalen tot ze roze en gaar zijn. Haal de garnalen uit de pan, bewaar het vocht, pel ze (bewaar de schelpen) en zet ze opzij. Meng de schelpen in een keukenmachine met het gereserveerde kookvocht van de garnalen, giet ze door een zeef en zet ze opzij.

c) Verhit de 2 eetlepels olie in een wok of een grote koekenpan en fruit de knoflook tot hij geurig en goudbruin is. Voeg de kokkels of mosselen en de chilipasta toe, bak 1 minuut, voeg dan de oestersaus, sojasaus, ansjovis en garnalenbouillon toe en breng aan de kook. Voeg de noedels toe en kook 2 minuten.

d) Schep de noedels aan één kant van de wok of koekenpan, besprenkel er de ½ eetlepel olie mee en breek de eieren erin. Laat ze door elkaar roeren en meng ze vervolgens grondig met de noedels. Voeg de garnalen toe, samen met de taugé en de knoflookbieslook en kook tot de groenten geslonken zijn.

e) Schep op een schaal en serveer direct.

PUDDINGS EN DRANKEN

87. Verse mango, honing en kokosnoot

INGREDIËNTEN:
- 2 rijpe mango's, geschild en in reepjes gesneden
- 4 eetlepels heldere honing
- 20 g gedroogde kokosnoot, licht geroosterd tot ze goudbruin zijn (of 4 theelepels kokosvlokken)
- ¼ theelepel gemalen kaneel

INSTRUCTIES:
a) Leg de mango op een serveerbord, besprenkel met de honing en strooi er vervolgens de kokosnoot en kaneel over.
b) Serveer met vanille-ijs of kleefrijst.

88. Pandanvla en kleverige rijst gelaagd zoet

INGREDIËNTEN:

- 300 g kleefrijst, 4 uur geweekt in water
- 650 ml kokosmelk
- 1 theelepel fijn zeezout
- 4 middelgrote eieren
- 200 g witte suiker
- ½ eetlepel pandanextract (zie hierboven, of 2 theelepels vanille-extract)
- 3 eetlepels maizena
- 3 eetlepels gewone bloem

INSTRUCTIES:

a) Zet een stoompan op of plaats een rooster in een wok of diepe pan met deksel. Giet er 5 cm water bij en breng op middelhoog vuur aan de kook.

b) Doe de kleefrijst in een rond cakeblik van 23 cm, ongeveer 6 cm hoog of hoger, plaats het in de stomer en stoom gedurende 30 minuten. Laat het 5 minuten rusten, voeg dan 200 ml kokosmelk en het zout toe en druk de gestoomde rijst aan tot deze waterpas staat. Stoom nogmaals gedurende 10 minuten.

c) Klop voor de custardlaag de eieren en de suiker in een kom tot de suiker is opgelost. Voeg het pandanextract (of vanille-extract, als je geen pandan kunt vinden) en de resterende kokosmelk toe en meng goed. Zeef de bloem erdoor en klop tot alles goed gemengd is.

d) Giet het mengsel op de gestoomde kleefrijst, strijk de bovenkant glad en stoom op middelhoog vuur gedurende 1 uur. Laat het deksel van de stoompan een beetje open staan om te voorkomen dat er water uit de stoom op de custardlaag druppelt.

e) Eenmaal gekookt, volledig afkoelen, vervolgens in plakjes snijden en serveren.

89. Rijst & Kokosnoot Gestoomde Cake

INGREDIËNTEN:
- 8 stuks bananenblad (of aluminiumfolie), 10×30cm
- ½ theelepel fijn zeezout
- 200 g rijstmeel
- 100 g gedroogde kokosnoot
- 50 g melassesuiker

INSTRUCTIES:
a)   Maak de bananenbladeren schoon, indien gebruikt, en maak ze zacht door ze een paar seconden op een laag vuur of boven stoom uit een waterkoker te plaatsen.
b)   Doe het zout in een grote kom met 150 ml lauw water en meng goed. Voeg beetje bij beetje het rijstmeel toe, zodat er een deeg ontstaat. Druk het deeg door de gaten in een zeef met middelgrote gaten, zodat een broodkruimelachtige textuur ontstaat. Voeg de gedroogde kokosnoot toe aan het mengsel en meng goed.
c)   Zet een stoompan op of plaats een rooster in een wok of diepe pan met deksel. Giet er 5 cm water bij en breng op hoog vuur aan de kook.
d)   een bananenbladvorm te maken , rolt u een blad (of de aluminiumfolie) in een cilindervorm van ongeveer 4 cm in diameter. Bind een touwtje om de mal om deze vast te zetten. Vul de vorm voor de helft met het kokosmengsel, maak een gat in het midden en voeg 1 theelepel suiker toe. Vul nu de andere helft van de vorm en druk het mengsel voorzichtig aan, niet te hard, anders wordt het te compact. Het mengsel zal het vocht uit de stoom opnemen.
e)   Herhaal met de rest van de bananenbladeren en het resterende mengsel. Leg de broodjes in de stomer en stoom gedurende 10 minuten.
f)   Verwijder de bananenbladvormpjes en serveer onmiddellijk.

90. Rijst & Kokos Zoete Pannenkoek

INGREDIËNTEN:
- 150 g rijstmeel
- 50 g gewone bloem
- 1 theelepel gedroogde gist
- 6 eetlepels witte suiker
- 200 ml kokosmelk
- 2 eetlepels plantaardige olie of boter, om in te vetten

INSTRUCTIES:

a) Doe de rijst, het gewone meel, de gist, de suiker en de kokosmelk in een kom en voeg 200 ml water toe. Klop tot het beslag goed gemengd is, zeef het dan in een andere kom, dek af met huishoudfolie en zet het 1 uur opzij.

b) Zorg ervoor dat een koekenpan van 20-25 cm goed heet is en vet deze in met een beetje olie of boter. Schep 1 pollepel beslag uit de pan en giet dit in één keer in de hete pan. Zodra het beslag de pan raakt, kantelt u de pan zodat deze zich verspreidt en een dunne laag rond de rand ontstaat.

c) Het duurt slechts ongeveer 1 minuut voordat het dunne beslag rond de rand knapperig goudbruin begint te worden. Vouw het om en schep het dan uit de pan. Herhaal met het resterende beslag. Het lekkerst warm geserveerd.

91. Tropische Fruitsalade

INGREDIËNTEN:
- 1 halfrijpe mango, in blokjes gesneden
- 200 g in blokjes gesneden verse ananas
- 10 lychees
- 4 kiwi's, in vieren
- Zaden van 1 granaatappel
- 10 muntblaadjes
- ½ theelepel gemalen kaneel
- 1 steranijs
- 500 ml lycheesap

INSTRUCTIES:
a) Doe alle ingrediënten in een grote kom en roer goed door, zodat het kaneelpoeder goed gemengd is.
b) Zet het 20 minuten in de koelkast voordat je het serveert.

92. Maleisische thee

INGREDIËNTEN:
- 8 kopjes kokend water
- 4 Zakjes groene thee of
- 8 theelepels Losse groene theeblaadjes
- ½ theelepel kaneel
- ¼ theelepel Gemalen kardemom
- 2 eetlepels suiker

INSTRUCTIES:
a) Doe alle ingrediënten in een theepot en laat 2 minuten trekken.
b) Serveer alleen of met geschaafde amandelen.

93.Zoete Mungbonenpap

INGREDIËNTEN:

- 400 g gedroogde mungbonen, 4 uur of een nacht geweekt
- 1 pandanblad , vastgebonden in een knoop (optioneel)
- 50 gram sago
- 100 g donkere kokossuiker, fijngehakt
- 200 g melassesuiker
- 400 ml kokosmelk
- 1 theelepel fijn zeezout

INSTRUCTIES:

a) Breng 2,5 liter water aan de kook op middelhoog vuur, voeg dan de mungbonen en de pandanknoop toe en kook gedurende 20 minuten.
b) Breng ondertussen 500 ml water aan de kook in een middelgrote pan.
c) Voeg de sago toe en kook gedurende 15 minuten, tot hij doorschijnend is, terwijl je een of twee keer roert. Laat ze uitlekken, laat ze 1 minuut in koud water weken, laat ze opnieuw uitlekken en doe ze in een kom.
d) Zodra de bonen gaar zijn, voeg je de donkere kokosnoot en de melassesuiker toe en kook je 2 minuten, tot de suiker is opgelost.
e) Voeg de kokosmelk en het zout toe, breng aan de kook, voeg dan de sago toe, zet het vuur lager en kook gedurende 5 minuten.
f) Serveer onmiddellijk, met zacht witbrood of lichte crackers.

94. Rijstpudding met donkere kokossuikersiroop

INGREDIËNTEN:
- 100 g kortkorrelige puddingrijst
- 50 g donkere kokossuiker
- 100 g melassesuiker
- 1 pandanblad, vastgebonden in een knoop (optioneel)
- 600 ml kokosmelk
- ½ theelepel fijn zeezout

INSTRUCTIES:

a) Doe de rijst in een grote pan en bedek met water. Breng aan de kook, zet het vuur laag en laat ongeveer 20 minuten koken, of tot al het water is opgenomen.

b) Giet de kokosmelk in de pan en laat nog 15 minuten koken, totdat alle melk is opgenomen. Haal de hitte weg.

c) Doe de donkere kokosnoot- en melassesuiker en de pandanknoop in een kleine pan en voeg 150 ml water toe. Breng op middelhoog vuur aan de kook, zet het vuur lager en kook gedurende 5 minuten, om de hoeveelheid tot de helft terug te brengen.

d) Schep voor het serveren de rijstpudding in kleine kommetjes en giet de suikersiroop erover.

95. Pandan-ijs

INGREDIËNTEN:
- 1 liter extra dikke room
- 500 ml volle melk
- ¼ theelepel fijn zeezout
- 12 eierdooiers
- 300 g witte basterdsuiker
- eetlepel dik pandanextract
- Voor de topping (optioneel)
- 150 g pure chocolade (minimaal 50% cacao)
- 100 ml volle melk
- 60 g kant-en-klare gezouten of ongezouten geroosterde pinda's, gemalen

INSTRUCTIES:

a) Doe de room, de melk en het zout in een diepe pan en laat op laag vuur koken tot het kookpunt is bereikt.

b) Klop de eierdooiers en de basterdsuiker in een kom tot een dik mengsel. Giet de helft van het room- en melkmengsel voorzichtig bij de eieren en de suiker, terwijl u voortdurend blijft kloppen, en klop vervolgens de resterende room en melk erdoor.

c) Doe het hele mengsel terug in de pan en voeg het pandanextract toe . Breng het tot het kookpunt en roer voortdurend om schiften te voorkomen. Dit zou 3-4 minuten moeten duren.

d) Zeef het mengsel met behulp van een fijne metalen zeef in een diepvriesbestendige schaal of kom, of in een broodvorm. Laat het 15 minuten afkoelen en breng het dan over naar de vriezer. Haal het na 45 minuten uit de vriezer en roer het, en blijf dit elke 45 minuten doen gedurende 2-3 uur.

e) Om de chocoladesaus te maken, breek je de chocolade in kleine stukjes en doe je ze in een hittebestendige kom. Voeg de melk toe en zet hem op een pan met kokend water tot de chocolade is gesmolten en gemengd met de melk. Laat het volledig afkoelen.

f) Schep voor het serveren het ijs in kommen, giet de chocoladesaus erover en strooi de gemalen pinda's erover.

96. Zoete Aardappel & Banaan in Kokosmelk

INGREDIËNTEN:
- 200 g zoete aardappel, geschild en in blokjes van 2 cm gesneden
- 800 ml kokosmelk
- 100 g witte suiker
- ½ theelepel zout
- 6 bananen, geschild en diagonaal in plakjes van 2 cm gesneden

INSTRUCTIES:
a) Kook de aardappelen in een pan met 500 ml water gedurende 8 minuten, giet ze af en zet ze opzij. Spoel de pan af en droog hem af met keukenpapier.
b) Voeg de kokosmelk, suiker en zout toe aan de pan en breng op middelhoog vuur aan de kook. Zet het vuur laag, voeg de aardappelen en plakjes banaan toe en kook 2-3 minuten.
c) Zet het vuur uit en serveer.

97.Bananenbeignetballetjes

INGREDIËNTEN:

- 1kg rijpe bananen, geschild
- 4 eetlepels witte suiker
- 140 g gewone bloem
- 70 g zelfrijzend bakmeel
- ½ theelepel fijn zeezout
- 700 ml plantaardige olie

INSTRUCTIES:

a) Pureer de bananen in een kom tot ze glad en gepureerd zijn en voeg dan de suiker, de bloem en het zout toe, samen met 2 eetlepels water. Goed mengen.

b) Verhit de olie in een diepe pan op middelhoog vuur. Om te controleren of het heet genoeg is, doe je er een halve theelepel van het mengsel in. Als je de olie ziet wegborrelen, dan is het klaar. Als je een thermometer hebt, moet deze tussen de 180 en 200 °C zijn.

c) Laat voorzichtig kleine klodders mengsel in de hete olie vallen. Ze moeten allemaal uitzetten tot de grootte van een golfbal.

d) Frituur de balletjes gedurende 3-4 minuten, totdat de kleur verandert in een rijke donkerbruine kleur. Haal het met een schuimspaan uit de pan en leg het op keukenpapier om de overtollige olie weg te laten lopen.

e) Serveer eventueel met vanille-ijs.

98. Maleisische 'getrokken' zoete thee

INGREDIËNTEN:

- 3 bouwtheezakjes
- 500 ml kokend water
- 1½ eetlepel suiker
- 2 eetlepels gecondenseerde melk

INSTRUCTIES:

a) Doe de theezakjes in een grote kan, voeg het kokende water toe en laat 5 minuten staan voor een sterk brouwsel.

b) Voeg nu de suiker en de gecondenseerde melk toe en roer. Verwijder de theezakjes.

c) Om een schuimige bovenkant te creëren, pak je een andere kan en giet je de thee van de ene kan naar de andere. Hoe hoger je de thee giet, hoe schuimiger de bovenkant. Doe dit vijf of zes keer en serveer vervolgens in een hoog glas.

99. Citroengras & Honing Thee

INGREDIËNTEN:
- 4 stengels citroengras, gekneusd en in plakjes van 1 cm gesneden
- 3 theelepels honing

INSTRUCTIES:

a) Breng 500 ml water aan de kook en giet het in een theepot. Voeg het citroengras toe en laat het 3 minuten trekken.

b) Voeg de honing toe vlak voordat je de thee drinkt.

100. Rozensiroop drankje

INGREDIËNTEN:
- 200 g witte suiker
- 1 eetlepel rozenwater
- 1 steranijs
- 1 pandanblad , in een knoop gebonden (of 1 vanillestokje)
- Kaneelstokje van 2,5 cm

INSTRUCTIES:
a) Om de siroop te bereiden, doe je alle ingrediënten in een pan met 300 ml water. Breng aan de kook en laat 5 minuten op middelhoog vuur koken tot de hoeveelheid met de helft is verminderd.
b) Om de drank te bereiden, voeg je 2 eetlepels siroop toe aan elke 200 ml koud water. Voeg wat ijsblokjes toe en serveer direct.

CONCLUSIE

Nu we onze smaakvolle reis door "Hojiak-de smaak van maleisië" afsluiten, hoop ik dat je keuken is omgetoverd tot een oase van Maleisische lekkernijen. Dit kookboek is niet zomaar een verzameling recepten; het is een viering van de diverse smaken en culturele rijkdom die het culinaire landschap van Maleisië bepalen.

Bedankt dat je meedoet aan deze culinaire verkenning, van de levendige straatvoedselwonderen tot de verfijnde culinaire meesterwerken. Mogen de smaken en aroma's in uw keuken blijven hangen en niet alleen maaltijden creëren, maar ook herinneringen die u verbinden met het hart en de ziel van Maleisië.

Terwijl u geniet van de laatste hap van deze recepten, onthoud dan dat "Hojiak-de smaak van maleisië" meer is dan alleen maar een zin; het is een uiting van tevredenheid en vreugde. Moge uw culinaire avonturen voortduren, en moge de geest van de Maleisische smaken uw kookkunsten blijven inspireren en verrijken. Terima kasih (bedankt), en veel kookplezier!

www.ingramcontent.com/pod-product-compliance
Lightning Source LLC
Chambersburg PA
CBHW071327110526
44591CB00010B/1052